「〝右翼〟雑誌」の舞台裏

梶原麻衣子

星海社

JN198000

320

SEIKAISHA SHINSHO

はじめに

　さかのぼること20年前の２００４年11月26日、花田紀凱《はなだかずよし》氏が編集長をつとめる月刊誌『Ｗｉ Ｌ Ｌ』（２００５年１月号、ワックマガジンズ、後にワック）が創刊された。

『Ｗ・ｉ Ｌ Ｌ』は保守系の月刊誌として、朝日新聞批判特集、中国・韓国特集、歴史認識特集などを組んできた。その後、２０１６年に『Ｗ・ｉ Ｌ Ｌ』は分裂し、花田編集長以下、編集部は『Ｈａｎａｄａ』を創刊するに至る。筆者は、その両方で編集部員として雑誌作りに携《たずさ》わってきた。本書は、その経験を元に「保守雑誌、右派雑誌とはどういうものだったか」「中の人は何を考えていたのか」をつづったものである。

　創刊当初、『Ｗ・ｉ Ｌ Ｌ』は３号雑誌、つまり３号であえなく廃刊になるのではと揶揄《やゆ》された保守系雑誌だったが、４号目の〈朝日新聞を裁く！〉（２００５年４月号）が大当たりし、以降、公称10万部まで部数を伸ばす。

　筆者はこの４号目からの購読《こうどく》者で、当時はＩＴ系企業に勤めるシステムエンジニア兼プログラマーだった。２００５年に花田編集長が始めたライターや編集者を養成する講座「マスコミの学校」を受講し、その際に受講生として提出した企画をもとに、２００５年７月号に〈日本を取り巻く「ドラえもん」の世界〉という記事が『ＷｉＬＬ』に掲載された。

その後、たまたま編集部員が一人退職することになり、晴れて『ＷｉＬＬ』編集部員となった。会社員の肩書で雑誌に記事を載《の》せてはもらえたが、編集経験もライター経験もない、全くの素人だった。それでも入社となったのは、受講生の中でも筆者がとりわけ「右寄り」だったためである。受け入れる側の編集部では「今度来る新人はとんでもない右翼らしい」とささやかれていたという。

以降、２０１６年４月の雑誌分裂騒動による飛鳥新社への移籍、『Ｈａｎａｄａ』の創刊（２０１６年６月号）を経て、２０１８年９月末まで編集部に在籍。病気を患《わずら》って休職しながらも半年ほど編集後記は書き続けたが、２０１９年３月に退職し、その後フリーとなって現在に至る。

大学時代から『諸君！』（文藝春秋）『正論』（産経新聞社）『ＳＡＰＩＯ』（小学館）を読んでいた右寄りの筆者にとって、『ＷｉＬＬ』『Ｈａｎａｄａ』編集部員という職業は、まさに天職のように思えた。その後、様々な苦悩に見舞われることになるのだが、この20年、少なくとも筆者が編集部に在籍した13年あまりは、国内政治では二度の政権交代や集団的自衛権をめぐる大論争、国際政治においては中国・韓国との摩擦の高まりやトランプ政権の出現など、激動の時期に重なる。国民意識も大きく変化した時代だ。いつの時代もそうかもしれないが、実に「面白い」経験をしたと思っている。

世間で右傾化が指摘されるようになってから、右派分析の書籍なども様々刊行されている。学者の精緻《せいち》な分析に基づくものももちろんあるが、右派側にいた人間としては、経験とのずれ、見聞きしたこととの齟齬《そご》を感じるものもなくはない。

本書でも触れているように、2014年頃から「ヘイト本」批判なども出てきたが、2024年現在ではいわゆる「嫌韓・反中本」の刊行が減ってきた（売れなくなってきた）こともあってか、右寄りの出版物に対する言及や分析はしぼみつつある。

2015年には『諸君！』『正論』『SAPIO』とまさに筆者が愛読してきた各誌の新聞広告を研究した能川元一《のがわもとかず》・早川《はやかわ》タダノリ『憎悪の広告』（合同出版株式会社）が出版されているが、残念ながら『WiLL』『Hanada』は考察対象外となっている。

また、論壇研究で言えば、2010年代末頃までの分析は目にすることができたが、『WiLL』や『Hanada』については言及が少なく、その後雑誌や執筆者から支持を受けてきた安倍《あべ》政権や、影響力の大きい執筆者を分析したものにシフト。右派分析の中心は雑誌や出版物ではなくウェブに移行し、欧州の極右台頭と絡めたものも出始めている。

などと「先行研究」を並べるがごとく書いているが、本書は学者の手になるものではなく、筆者が在籍した2005年11月から2018年9月までの編集部の様子や、それを取り巻く保守のあり方、読者の様子など書いたものだ。右派雑誌の内側の「空気」を、本書で知ってもらえればと思う。また「あんな右派雑誌を10年以上も作っていたなんて、一体どんな奴なんだ」といった興味関心からお読みいただくのでも、もちろん大歓迎だ。

なお、本文中の『WiLL』は基本的には花田編集長時代（2005年1月号から2016年5月号まで）を指し、『Hanada』創刊後は「分裂後の……」などと表記する。なお、本書のタイトルは『「〝右翼〟雑誌」の舞台裏』となっているが、筆者の認識に基づき、本文中では「右派（雑誌）」などとしている。

両誌の論調に否定的な向きはもちろん、内部事情を知る関係者からさえ「自己弁護ではないか」と言われるかもしれないが、一編集者の体験記ととらえていただければ幸いである。

目次

第2章　ゲリラ部隊は正規軍にはなれない　49

第3章 「最強のアイドルにして悲劇のヒーロー」 安倍晋三 71

第4章　ピンからキリまで「右翼雑誌批判」の虚実　103

第5章 読者との壮大な井戸端会議 141

第1章
「右翼雑誌」はこうして作られる

編集方針は「いい意味での無節操さ」

『WiLL』や『Hanada』に在籍していたと自己紹介すると、必ず言われるのは「結構なところにいらっしゃったんですね」というコメントだ。何がどう結構なのか、もちろん誰も明確には言わないが、当然ながら論調のことを指している。論調についての言及と言えば「尖《とが》っている」「過激」ならば配慮のある方で、「極右」「嫌韓・反中本」「情緒丸出し」「売らんかな主義」などの否定的表現も少なくない。

「その編集部の中でも、思想的に私が最右翼でした」と加えるとさらに相手の表情は引きつるわけだが、確かにかつての特集タイトルを見ると、振り切ったものが多い。時代を経て、背景情報を抜きにしてタイトルの字面だけを見ると、「編集部内でも最右翼」の筆者でも今となってはギョッとするものもないとは言えない。

例えば2012年12月号の特集名〈哀れな三等国、韓国〉などは、なぜこの表現になったかを釈明することはできるが、それにしても今見るとやり過ぎの感もある。

これには第4章で後述するような社会背景もあり、また先行する『諸君!』や『正論』にも同様の傾向のタイトルがなかったわけではないのだが、よりキャッチーなタイトルになったのは、ひとえに『WiLL』や『Hanada』両誌を創刊した編集長・花田紀凱が週刊誌の編集長だったことが影響しており、その週刊誌ノリを持ち込んだことに由来する。

さて、その雑誌の作られ方だが、編集部員が月に一度の企画会議にプランを複数提出し、編集長が選別して執筆者に依頼、記事ができて掲載されて、発売されるというもので、その点は他誌と変わらない。

もちろんその企画自体が「右に偏《かたよ》っている」のはそうだが、だからと言って編集部を挙げて毎日・毎月靖国《やすくに》神社に参拝したり、編集部内に国旗が掲揚《けいよう》されたりというようなことはもちろんない（筆者が個人的に靖国に行くことは多々あったが）。毎朝社員が神棚に手を合わせる習慣を持つ会社もあるが、右派と言われる編集部にそのような習慣はなかった。

当然、筆者を含め右寄り・保守派という編集部員もいたが、多くの時期において編集者の少なくとも半分はノンポリ、あるいは教条《きょうじょう》主義的な左派は好まないがどちらかと言えばリベラル寄り、といった具合の政治思想の持ち主もいた。

花田編集長は特に誤解されがちで、文春時代を知る人の中には「どうしてあんなに右旋回したのか」と嘆く人もいる。だが、政治思想云々《うんぬん》以前に、第一に「面白い雑誌を作りたい」、第二に「読者に喜んでもらいたい（＝売りたい）」というのがポリシーであり、それは現在まで変わらない。本人を直に知る人で編集長をガチの保守や右翼だと認識している人は皆無であろう。

ガチの保守や右翼であれば、当時、『Ｗ・ｉＬＬ』に連載していた秋元康《あきもとやすし》氏と、小林《こばやし》よしのり氏、ＡＫＢ48のメンバーだった柏木由紀氏の鼎談《ていだん》に、〈ＡＫＢ48は大東亜共栄圏!?〉（2012年2月号）などというタイトルをつけることは許さなかっただろう。

確かに花田編集長は2012年末以降、安倍晋三《しんぞう》元総理のファン、つまり「安倍推《お》し」になり、それが誌面に反映されたきらいはあるものの、自身は右翼的な思想はほとんど持っていないというのが、十数年部下として働いてきた「右寄り」な筆者の感触である。年齢を重ねて「日の丸ってきれいだな」と思うような情緒は抱《いだ》くようになってきた面はあるだろうが、基本的に教条主義的な右翼、あれこれと「こうであるべし」を説《と》く説教臭い保守という要素は全くない。

花田編集長の産経新聞の連載「花田紀凱の週刊誌ウォッチング」をお読みいただければわかるが、現在、最も好きな雑誌は国際情報誌の『Newsweek 日本版』と見られる。もともと、雑誌編集者を志したのも『ＬＩＦＥ』誌に魅せられたからで、ゆえに『Ｗ・ｉＬＬ』『Ｈａｎａｄａ』のロゴは赤地に白抜き文字なのだ。

編集方針についてもあくまでもジャーナリズムという観点から、保守派の論調との接点がある、というのが実際のところだ。そこで「反朝日新聞的」というスタンスは出てくるのだが、これについては後述する。その点でも、雑誌作りのポリシー自体は変わっておらず、それを「右にも適用した」ということではないか。

雑誌で展開している思想（志向）と仕事がピッタリ一致しているわけではないのは、おそらくどの編集部・編集者でも同じではないだろうか。一定の傾向や得意分野はあるにせよ、「自分の意見とは違っても、面白い見方を許容する」のが本来の（雑誌）編集者のあるべき姿でもある。

ある時期までの筆者のように、「自分の思想と、仕事上扱っているものが一致している」ことは幸せなことだが、一致しているだけに少しでもずれてくるとこれは苦痛になってくる。一方、初めから仕事だと割り切っていれば、公私の別はつけやすくなる面もあるのだろう。

花田編集長はガチの保守・右翼ではなかったがゆえに、『W·iLL』時代にはほかならぬ保守派から批判されることも多々あった。例えば、天皇の皇位継承問題で、「女系天皇」を否定しない（あってもよいとする、あるいは男女の別なく直系を優先する）容認論を掲載していたからだ（2010年9月号、小林よしのり氏の〈本家ゴーマニズム宣言　愛子様皇太子論〉

など）。執筆陣には男系論者も多いため、そちらの意見も載るが、特に『正論』には女系容認論は掲載されないため、寄稿先を求める執筆者からのアプローチが増えた事情もある。

それでも、自身が男系絶対論者であれば女系（容認）論は掲載しないわけで、女系論者にも誌面を提供してきた花田編集長の編集方針は、ある保守系論客から「いい意味での無節操」と揶揄されることもあった。

右翼だけでなく、リベラルも多数登場する誌面の多様性

ジャーナリズムと保守派の接点として『Ｗｉｌｌ』『Ｈａｎａｄａ』のメインとなり、最も得意としてきたのは、これも文春以来の「反朝日新聞的姿勢」だ。

『Ｗｉｌｌ』は、発売直後は部数が振るわず、「３号雑誌（３号で休刊になる雑誌）」とささやかれたこともある。それが大ブレイクしたのが、４号目（２００５年４月号）の朝日新聞批判特集だった。当時筆者は読者の立場だったが、鮮烈な印象を受けたのを覚えている。すでに『諸君！』や『正論』で再三にわたり朝日新聞の批判は展開されていたが、やはりこれらとはどこか違う、企画の立て方、タイトルのセンス、読みやすさなど様々な点で新鮮さが感じられるものだった。『諸君！』『正論』にも老舗《しにせ》の良さはあったのだが、後発の『Ｗ iLL』は筆者にとってまさに「自分の雑誌」だった。

朝日特集でブレイクし、その後も朝日批判が大きなテーマの一つとなる『WiLL』だが、創刊前の花田編集長は一時とはいえ朝日新聞社に在籍したこともある。これまた「無節操」と評されそうだが、ここが雑誌人の面白いところでもある。当時、朝日社内からは「なぜあんなに朝日を叩いてきた人を入社させるのか」との声もあったそうだが、その意味では移籍した花田編集長も、受け入れた側の朝日新聞も、なかなか融通無碍《ゆうずうむげ》で面白い時代だったのだろう。

それは雑誌の誌面にも反映されていた。

2015年3月号の〈わが体験的メディア論〉には、『WiLL』の天敵・朝日新聞出身の轡田《くつわだ》隆史《たかふみ》氏がコラムを寄せている。

〈アサヒという響きを耳にしただけでも、血相変えて「売国奴」だなんて叫ぶ人もいる世の中らしいけれど、まあ落ち着いて、湯豆腐でも、ゆったりと突きながらの気分でやろうじゃありませんか〉

身構える読者の姿勢を崩させてから、コラムを次のように結んでいる。

〈さて最後のひとこと。この国にとってアサヒはやはり大切な、なくてはならない存在だ

と信じています。『W・iLL』がそうであるのと、全く同じことです〉

あるいは『W・iLL』の連載陣にも、右でないだけでなくリベラル、左翼としか言いようがない執筆者が名を連ねていた。

その最も象徴的な存在が、元『噂《うわさ》の真相』編集長の岡留安則《おかどめやすのり》氏だろう。学生運動の闘士だった岡留氏は、創刊号から3年にわたって、『W・iLL』に連載していたのである。どこからどう見ても特集の傾向とは相容《あいい》れない思想の持ち主だが、花田編集長との個人的な付き合いから掲載されていた。

この連載に対して読者から「なぜこんな連載が掲載されているのか」との指摘が来たこともなくはなかったが、いわゆるクレームや、極端な言い方で排除を求めるようなもの、不買をちらつかせるようなものは記憶にない。ほかにも連載陣にはオバタカズユキ氏やいしかわじゅん氏など、やはりどう見てもリベラル（左派）、あるいは少なくとも右では全くない、という執筆者がそろっていた。また『Hanada』になってからも、「右派」とは全く無関係の連載陣が雑誌の脇を固めている。

在日韓国人の執筆者や、韓国・中国出身者、その後日本国籍を取得した執筆者も登場している。ある在日韓国人の執筆者は、「自分のように在日同胞に対しても時に厳しいことを書いたり、歴史問題について日本側の言い分を批判しなかったりする私のような書き手は、リベラルの媒体では書かせてもらえない」と言っていた。一定の方向性というのはあるが、必ずしも「画一的な保守・右派だけの排他的な雑誌」ではなかったのだ。

読者は、様々な感想を抱きつつも多様な執筆者の、多様な意見が掲載されている状態を支持していた（少なくとも許容していた）のである。むしろこれこそが、雑誌の醍醐《だいご》味だろう。

大新聞の権威へのカウンターとしての「反朝日新聞」

それにしても、なぜ朝日新聞をこうも目の敵にするのか。創刊初期の朝日新聞批判特集のタイトルをいくつか並べてみても、〈朝日は腐っている！〉（2005年11月号）、〈許すな！ 中国と朝日〉（2006年2月号）、〈朝日新聞の大罪〉（2008年9月号）と穏やかでない。

これは花田編集長が文藝春秋社に所属していた頃からの考えに基づく「雑誌は大メディアのカウンターであれ」という思想から来ている。雑誌の役割は、テレビや新聞のような大メディアが取り上げない視点を取り上げ、疑問を呈すことにある。新聞は社会の公器、社会の木鐸《ぼくたく》として政権や行政の監視を一つの役割としている。テレビもそうだろう。しかし新聞やテレビのようなマスメディアには絶大な影響力があり、第四の権力とも呼ばれる。そうである以上、マスメディアを監視する役割を誰かが担う必要がある。雑誌こそがまさに、その役割を担うという認識だ。

「喧嘩《けんか》を売るなら、でかい相手がいい」と朝日新聞を批判していた面もある。それで実際に訴訟になって大変なことにもなったのだが、これは新聞・テレビが情報発信の多くを担い、ネットメディアやSNS、動画サイトなどが出現する以前の、「大メディア」が存在していた頃の名残でもあった。

その中でも朝日新聞は、特に既存の権威の象徴であった。大勢が読んでいるだけでなく、特に知的エリート層が好んで読み、識者や執筆者として登場するためである。それを庶民《しょみん》の目線から批判するのが花田編集長のスタンスだ。文春時代はそうした視点からの批判であったろうし、『W i L L』になってからは政治的スタンスの異なる保守からの批判という側面をより強めたことになる。

こうした「色」になるのは、ひとえに読者層に合わせて企画や記事の取り合わせを練っているからに尽きる。花田編集長は、もともと「朝日新聞のカウンター」的な発想は持っていたが、『W i L L』4号目にしてこの企画が大当たりし、「なるほど、保守系の雑誌とはこういう風に作ればいいんだ」という手ごたえを感じたに違いない。

ではいつまで、その「大メディアのカウンター」が機能するかという点については第4章で触れるが、2024年現在、『Hanada』ではしばらく朝日新聞批判特集が組まれていない。連載を含め、毎号なにがしか朝日新聞を突く記事は掲載されているが、トップで朝日特集を銘《めい》打《う》ったのは、2019年9月号の〈ざんねんな朝日新聞〉が今のところ最後となっている。

朝日新聞の質が変わり、批判すべき記事、突っ込むべき論調が減ったのも理由の一つかもしれない。あるいは安倍政権終焉《しゅうえん》以降、特集を組むほどの対立軸がなくなったのかもしれない。安倍政権期という朝日新聞と保守派が激しくやり合った時期を過ぎ、朝日新聞の部数が減って世帯当たりの購読数が0・5部を下回る（つまり朝日新聞を購読している世帯は半分以下になった）ここ数年で最も朝日批判が盛んだったのは、他でもない安倍元総理の国葬儀の賛否をめぐってのものだった。これは実に象徴的であろう。

週刊誌の作法で保守月刊誌を作ったらヒットした

それにしても、朝日新聞批判や、2010年代まで多く特集されてきた歴史認識問題、中国や韓国との外交問題などは、先行する保守系雑誌である『諸君!』や『正論』でも長年にわたって取り上げられてきたテーマである。その中で、いくらタイトルがキャッチーだからと言って、それほど他誌との差別化が図《はか》れるのかという疑問はある。実際、両誌と一緒に購読している読者は少なくなかった。

ではなぜ、『WiLL』は創刊から数年で、雑誌では異例の増刷が何度もかかったり、公称10万部に達するなど一気に2誌の部数を抜き去ることができたのだろうか。

他誌と違う特徴として、タイトルなどのほかに考えられるものを挙げてみたい。まずは編集スピード。通常、雑誌（特に月刊誌）は特集が決まり、ラインナップとページ数が決まり、台割《だいわり》ができてから動き出すものだという。「という」というのは、『WiLL』や『Hanada』では「校了直前に台割が決まる」ものだったので、他誌が事前に特集も掲載記事もページ数さえも決まった状態で寄稿依頼や取材が始まると聞いたのは、この業界に入ってしばらく経ってからのことであった。

ある雑誌の編集の場合、「2号先まで特集が決まっていて、その下準備は2か月前から始まっている」と聞いた時には驚いたものだった。

『WiLL』と『Hanada』の場合、発売直後に次号の特集や取り合わせを決める企画会議が開かれる。しかしその時決まったラインナップが、そのまま実現されることはまずない。発売は約1か月後になるわけで、その間、どんな出来事が起きるかわからないからだ。

どの雑誌でも、突発的に重大な事件や出来事が起きた場合には記事の差し替えや特集の組み換えが行われると思うが、『WiLL』や『Hanada』の場合は、それが平常運転なのである。要するに「もっと面白い記事があったら当初の予定など無視してそちらを載せる」「ページが足りなくなれば一部記事は翌月(以降)に繰り越す」のである。これも、おそらく文春時代からの花田編集長のやり方なのだろう、ためらいがない。

執筆者の方々には大変申し訳ないことなのだが、そういうわけなので「新しい原稿」は、時に掲載できる本数(ページ数)の1・5~2倍程度集まってしまう。執筆者がゲラをチェックした後、掲載された原稿を見たら10ページだったものが8ページになっていた、ということさえある。載せたい記事が多すぎて、ページが足りなくなったために削って押し込むという荒業《あらわざ》を繰り出すためだ。連載でさえ犠牲(休載)になるときもままある。

そしてその「面白い記事」「売れるラインナップ」の模索は校了直前まで続く。重大な出来事が起きなくても、当初の予定通りの特集で進んでいたとしても、編集長が「何か一味足りない」と思えば新しい記事が差し込まれる。もちろん、編集者が提案することもある。校了まであと3日、という時期に差し掛かっていたとしても、だ。

「それはいい案だな。自分の首を絞めることになるけど、やるか?」

そんな編集長とのやり取りが、これまでに何度あっただろうか。編集者の悲しいサガで、思いついてしまった面白いアイデアは話さずにはいられないし、やるとなったらやっぱりやってしまうものなのだ。

後述するように、『WiLL』や『Hanada』にはインタビューや聞き書きが多いのだが、これが「直前に記事を差し込む」ことができる理由の一つでもある。思いついてしまったから、というだけでなく、これなら厳しいスケジュールでしか取材に応じられない相手でも、なんとか記事をねじ込むことができるのだ。

かなりきわどいケースとして、筆者も「安倍総理と聞き手の対談を某日夕方に実施し、次の日の朝に著者チェックを経て昼に校了する」という強行軍を担当したことがある。やればできてしまうので、また次にも「校了前日までに取材すれば間に合う(間に合わせられる)」という破綻《はたん》したスケジュールの作業が差し込まれることになるのである。

そのため、作業量は膨大《ぼうだい》なものとる。以前は1週間から10日前後の終電帰りと最終日の徹夜作業を繰り返していた。2024年現在、花田編集長は82歳となり、さすがに徹夜・始発帰りはしなくなったものの、それでもほぼ毎月、数日間の終電帰りと校了最終日の午前様帰りを繰り返している。汲々《きゅうきゅう》とならずに済むよう、作業進行を調整すべきとの声は20年前から絶えないが、「最後の最後まで面白い記事をねじ込むために作業を行う」ためにどうしてもそうなってしまうのだ。

校了直前のデモまで報道するスピード感

だが、このスピード感が編集には必要不可欠でもある。読者は今起きていることがどういうことであるのか、早く知りたい。ネットの速度には当然、勝てないが、かと言って月刊誌の時間軸だけを優先しすぎれば、読者の手元に届く頃にはピンボケした論点になってしまいかねない。もちろん腰を据えた長いレンジ（射程）の、賞味期限の長い特集や原稿であることに重きを置いている場合はそちらを優先すべきだが、週刊誌スタイルが基本にある花田編集長の場合、やはり鮮度は外せない要素だったのだ。

それは毎号の雑誌だけでなく、年に数回刊行されていた増刊号でも同じだった。出版社によっては増刊号は通常号と別の編集スタッフが手掛ける場合もあるようだが、『ＷｉＬ

L』や『Ｈａｎａｄａ』の場合は、通常号のメンバーがそのまま増刊号も作っていた。今考えると恐ろしい作業量だが、出すとなればすでに発表された記事の再録だけでなく、新しい記事も欲しくなる。大きな話題であればあるほど、「今」の情報がどうしても必要になる。

例えば、２０１０年10月14日に刊行された『Ｗ・ｉＬＬ』「緊急増刊　侵略国家中国　守れ、尖閣諸島《せんかく》！」（10年11月号）。これは２０１０年９月７日に発生した尖閣諸島沖中国漁船衝突事件を受けて企画されたものだ。

事件発生から数えれば発売までに１か月あるように見えるが、この間に通常号が１冊、刊行（２０１０年９月25日発売の11月号）されたうえでの増刊号だ。通常号の作業が９月20日前後に終わってから、２週間余りの間に編集・校了、印刷所に入稿し、刊行している。

中には校了直前の10月２日に行われた都内での「尖閣デモ」のレポートまで掲載されている（執筆者は山際澄夫《やまぎわすみお》氏）。ほとんど週刊誌レベルの取材・執筆・編集スピードと言っていいだろう。

しかも通常号の作業も毎度の終電・徹夜コースだったことを考えると、ほぼ半月あまり休みなしで編集にあたっていたことになる。だが、これも「鮮度があるうちに読者に読んでもらいたい」との一心からやっていることであった。何より、花田編集長に「いい案があるんだけど」と言われたら、休日返上を覚悟せざるを得ない。

それを「大きな話題になっているから、早く出せば売れる」と言い換えてもいいが、売らんかな主義と言われても、売るための作業は相応に厳しいものでもあったのだ。

「出版界の蟹工船《かにこうせん》」――筆者が担当していた連載「あっぱれ！ 築地をどり」の執筆者である故・勝谷誠彦《かつやまさひこ》氏は、『WiLL』編集部の働きぶりをこう評したものだった。「右派なのに小林多喜二《こばやしたきじ》とはこれいかに」ではあるが、筆者はこのフレーズが気に入っていたのでよく使っていたし、今も当時の働きぶりを説明する際には使わせてもらっている。

勝谷氏はもともと『週刊文春』『マルコポーロ』時代に花田編集長の部下として働いていたため、筆者にとってはいわば「兄弟子」のような存在だ。かねて「元日に文藝春秋社の編集部に顔を出したら花田サンがいた」と懐かしく語っており、さすがに月刊誌だけにこちらはそこまで極端な状況ではなかったが、「蟹工船」という表現には、労働の過酷さだけではないもう一つの意味が含まれていたことは示唆《しさ》しておきたい。

編集部からは死者こそ出なかったが、ストライキ闘争が画策《かくさく》されただけ「蟹工船」の方がマシだという評価も含まれていよう。

側聞《そくぶん》するところによると、労働条件の悪さで言えば、右の『Ｗ・ｉＬＬ』編集部か、左のリテラ編集部かという状況だったらしいことも付け加えておきたい。『Ｗ・ｉＬＬ』もリテラも特に安倍政権期に数字を伸ばしていたが、内実は劣悪な環境下にありながら、互いにイデオロギー闘争を展開していたことになる。

過酷な労働環境は人を政治闘争に駆り立てるのかもしれない。自らの不遇に対する不満や不安を政権にぶつけるか、高給取りのメディア（関係者）や対外勢力にぶつけるかの違いがあるだけの相似形だった可能性がある。

『Ｈａｎａｄａ』創刊時には飛鳥新社に移り、会社の体制自体は格段によくなったが、編集部の働き方そのものはさほど変化がない。通常号・増刊号・書籍の編集という従来の仕事に加え、時代の流れに沿って動画やウェブメディア、ＳＮＳの運用、「Ｈａｎａｄａ新書」と銘打ったシリーズの刊行などもある分、作業は増えている。

なぜか編集長は元気そのものだが、筆者を含め編集部員は病に倒れることもあり、なかなかのサバイバル状況に置かれていた、まさに蟹工船だった。

聞き書き主義の三つのメリット

『ＷｉＬＬ』や『Ｈａｎａｄａ』の編集における、もう一つの特徴として、「聞き書きによる記事の多さ」が挙げられる。

聞き書きとは、政治家や学者に話を聞き、それを文字起こししてライターがまとめるものを指す。その元祖は誌上座談会を発明した菊池寛《きくちかん》だというから、いわば文春のお家芸のようなものなのかもしれない。

月刊誌の場合、聞き書きは基本的には座談会のまとめや著者インタビュー、あるいは執筆を依頼した相手がどうしても執筆時間を取れない場合に聞き書きとするケースが多いのではないかと思うが、『ＷｉＬＬ』や『Ｈａｎａｄａ』の場合はメイン論文であっても著者の一人語りの聞き書き記事である場合が多かった。

これにはいくつかの利点がある。一つは、急な依頼も対応してもらいやすいこと。執筆者は基本的には書くことを仕事の一部にしている人が多いわけだが、新聞記者でもない限り、１週間前に依頼して８０００字から１万字の寄稿をこなせる人はそう多くない。書くスピードの問題以前に、忙しくて執筆時間を確保できないためだ。対して聞き書きであれば、１時間の取材時間で６０００字くらいの記事になる。

聞き書きを増やすことで、校了直前に盛り上がってきた鮮度の高い話題を記事として押し込むことができる。

しかも基本的には外部のライターや文字起こし業者には依頼せず、編集部内ですべて行う。編集部員が取材し、文字起こしをして、原稿を作成する。現在はＡＩ文字起こしなどのサービスも登場してきているため、多少なりと手間は軽減されてきているのではないかと思うが、２０２０年以前はすべて人力で文字起こしを行っていた。外部に依頼すると、その分時間もお金もかかるためだ。

これが二つ目の利点につながる。外部に依頼しないので、コストがかからない。さらに聞き書きであれば著者へ支払う原稿料も寄稿よりは安く済む。特に『ＷｉＬＬ』時代に顕著だが、コストをかけないことが最優先事項だったので、俄然《がぜん》、聞き書きが増えることになった。編集部員が手掛ける限り、聞き書きを何本やっても基本給の範囲内だからだ（残業代などという概念は存在しない）。

三つ目は、読者にとっての利点でもある。聞き書きは読みやすいという点だ。政治家はともかく、学者の方々の文章は、よほど一般紙への寄稿経験が多い方でない限り、論文調で硬質な傾向が強まる。むしろ、論文である以上、厳密性も表現も、そうでなければならない面がある。

一方、聞き書きであれば「取材時にわからない点は編集者が読者の代わりに聞いたうえで、さらに一度編集者の脳内を通って出力された文章」になるため、基本的には編集者が理解できない論理展開やロジックにはならない。「何を言っているのかわからないまま、相手が言ったままを書く」ということはしないからだ。

そのあたりの誤魔化《ごまか》しは見逃さないのが花田編集長で、わからないことをわからないまま原稿にすれば、「キミ、これわかって書いてる？　どういう意味？　俺にはわからないんだけど」と突っ込まれることになる。できるだけわかりやすく、読みやすくというのは徹底して教え込まれたことだが、これは当然、読者にとっても「わかりやすく、読みやすい」ものになるのだ。

これもやはり週刊誌出身の編集長ゆえの作り方だ。かつての週刊誌は「女学生（今で言う短大生）が無理なく読める」を一つの水準にしていたと聞くが、「高齢男性読者が多い」と見られていた『ＷｉＬＬ』や『Ｈａｎａｄａ』にもこの水準は踏襲《とうしゅう》されていたのである。

もちろん、わかりやすいことが最優先となると、精緻な論理を積み重ねてこそという向きからは批判されることになるが、「まず読んでもらわなければ意味がない」のも事実。関心を持っている読者を、入口のところで不必要に排除する必要はない。これは書き原稿でも同じで、要するにリーダビリティの問題だ。

教科書や新聞などと違い、雑誌はもともと「読んでも読まなくてもよいもの」だ。それをお金を出して買って読んでもらう、しかもこれだけ様々な娯楽や情報収集経路が増えて時間の取り合いになっている状況で、「お値段以上」の体験をしてもらわなければならない。そのためには、記事そのもののテーマや面白さ、重要さはもちろん、「いいものを読んだ」「面白く読めた」という読後感も絶対に必要になる。読者が読んで素直に面白いと感じられるものを提供する。この点は徹底して教え込まれた感がある。

余談だが、この「聞き書き」というスタイルは、これからの活字衰退、出版衰退、動画全盛の時代に一つの可能性をもたらすものだと考えている。というのも、聞き書きは動画と論文の間に存在するもので、活字を使っていながら読み口はむしろ動画（話し言葉）に近いからだ。

インタビューなど聞き書きの取材を受ける有識者側も、目の前の聞き手の反応を見ながら話してくれる。「こいつ、明らかに理解していないな」と思えば、親切な方ならより段階を下げて話してくれることもある。聞き手が理解できないこと、知らないことはその場で聞いて補完する。あまりに下準備ができていなければ怒られるが、「わからないことは聞いたうえで」文章化するため、基本的には全体の文章も文意もわかりやすいものになる。

逆に、話すことに慣れていない人の話も「記事として成り立つようにまとめる」ことができる。自分で文章を書いて寄稿するのは難しくても、聞き書きなら自分を筆者名に立てて雑誌やメディアに掲載されることが可能になり、これは記者署名になる取材記事とはまた違う意味が出てくる。

例えば『WiLL』2006年5月号、向井智恵子《むかいちえこ》さんの〈「百人斬り競争」新聞の虚報に殺されたわが父〉は、戦犯として処刑された父・向井敏明《むかいとしあき》氏について、処刑される主因となった報道を行ったメディアに対し「父の無念と汚名を晴らしてほしい」と訴えるもので、取材中もそうだったように、今読んでも涙を誘う内容である。筆者が構成した記事ではあるが、これが向井さん本人の手記として掲載されたことに、やはり大きな意味があるのだ。

読解力や思考を養うためには聞き書きの文章ばかり読まず、しっかりとした論文を読み込むべきだというのはその通りだし、『WiLL』や『Hanada』に対しても「論文や原稿を書くのが仕事の学者や物書きが、聞き書きばかりになるのはいかがなものか」「巻頭論文が聞き書きというのは論壇誌としては良くない」という指摘もあった。それも一面、その通りだとは思う。

しかし『WiLL』創刊から20年が経ち、コンテンツと言えば動画という動画最盛期に入っている中、活字が読者をつなぎとめるためには聞き書きも一つの選択であり、手段であろう。読みやすさが格段に上がることは、読者を引き付け、つなぎとめることになる。

花田スタイルのしわ寄せは編集部に

このように利点の多い「聞き書き多用スタイル」だが、代償もある。外部にはほとんど依頼せず編集部内でこなすため、編集部員への負担がかかるということだ。外部に依頼すれば早くてもテープ起こしが上がってくるまでに3日はかかり、ライターだって他の作業を抱えているのだから、飛び込みで「3日で上げろ」というのはなかなかハードな依頼になる。

筆者もフリーのライターになってよくわかったが、よほどのことがない限り「テープ起こしから原稿作成まで一晩でよろしく」というような依頼が来ることはまずない。それこそ週刊誌や、スクープ系のウェブメディアならあり得るだろうが、ある雑誌の依頼で「取材から納期まで1週間しかなくて　ごめんなさい」と初めて言われた時には「エッ1週間もいただけるので？」と感激したものだ。

その点、編集部が手掛ける場合には前述の通り「即日・翌日入稿」も可能になる。しかも1000字、2000字の短いものでなく、1万字レベルの長めの記事でもだ。可能になる、というか「する」のだが、とにかくそのくらいのスピード感で編集部の作業は進んでいく。もちろんその原稿に集中してはいるものの、編集部員はメイン記事以外にも多数の担当連載を抱えており、校了前には連載のやり取りも同時に行わなければならないため、まさにてんてこ舞いとなる。

編集者はそれぞれ毎月、ギリギリいっぱいの作業を行うが、編集長も同じかそれ以上に働いているので文句も言えない。そしてそれぞれの編集者から上がってくる連載を含む原稿を、編集長は鵜飼《うか》いのように編集者（鵜）に吐き出させながら、自身は連載を含む原稿のすべてに目を通し、赤字を入れて、時にはリライトの指示や原稿の圧縮作業などを行っているのである。できるだけインタビューの現場にも足を運び、さらに自身の別媒体の連載やネット番組への出演を複数こなしている。82歳になってもそれは変わらない。

筆者は在籍当時も「大変だ、忙しい」と口にしてはいたが、フリーになって他の編集部の作業状況を知るところとなり、花田編集部がいかに過酷だったかを思い知った。

令和の時代となり、ワークライフバランスを尊重する風潮が出てきたこともあるが、校了前になると土日も祝日もなく、編集長以下全員が数日間終電帰りとなり、最終的には午前様になるというような編集部は、2024年の現在においては、そうは存在しないのではないか（そもそも校了まで台割が存在しないような編集作業をやっている編集部はない）。ところが花田編集長率いる編集部は、今も「ワークワークワークワーク」でバランスなど存在しないのだ。

フリーになる際に、ある元新聞記者の方から「フリーになって、会社にいた頃と同じだけ稼ごうとしたら、3倍働く必要がある」と言われたことがある。衝撃を受けたが（これ以上働いたら死んでしまう）、何のことはない、蟹工船経験からすれば、フリーの方が自分で仕事量を差配できることもあり、作業的にはずっと余裕があり、ライフの領域も増えてきた。

一方、現在も『Ｈａｎａｄａ』編集部は、編集長以下、とにかく尋常ではない作業量をこなしている。だが、これによって読者のリーダビリティとネタの鮮度が保てるのだ。

煽るだけでなく、細部の面白さまでこだわるから売れる

なぜ出版不況の中で『WiLL』や『Hanada』は部数を伸ばせたのか。よく言われるのは先述の通り、「タイトルが過激（煽っている）」「内容も一線を越えている」というもので、確かにそれも一つの要素ではある。明らかに花田編集長の「週刊誌仕込みの感性」によるもので、週刊誌を日本一多く売ってきた（最大76万部）経験は半端なものではない。しかし読者もお金を払って購読する以上、「過激で煽っているから」だけでは雑誌を買わない。

「タイトルが過激だから売れる」という指摘には、どこか「中身が伴っていない」「タイトルで読者を騙している」かのようなニュアンスも感じられた。特に同業者からは（口には出さないが）「タイトルで煽って儲《もう》けやがって」という本音が言外ににじんでいたこともある。だが、タイトルで煽って儲けられるほど甘くはないというか、編集部内の作業は前述の通り、かなり過酷なものであった。

編集長は記事の質には容赦《ようしゃ》がない。筆者は入社間もない頃、140字程度の書評原稿を書き直すよう、10回以上、指示されたことがある。取材原稿も同様に、当初はびっしりと赤字が入っていたものだ。

面白い雑誌を作りたいという思いは、もはや執念と言い換えた方がいい。もちろんそれは、雑誌に否定的な向きからすれば「違う意味の質が保たれていない」との評価になるのだろうが、出版業に携わっている人間であれば、思想や論調には批判的でも、最後の最後まで雑誌の隅々まで手を入れる執念には唸らされるのではないだろうか。

NHKでスタジオジブリのドキュメンタリーが放送されていたが、そこに映し出される宮崎駿《みやざきはやお》監督の姿は花田編集長と重なる。世界的評価を受ける監督と比べるとは何事、という向きもあろうが、誰よりも長く机に座り、もはや本人にしか理解できないようなこだわりで、文章に赤字を入れタイトルを練る。「赤ペンがない！　どこ行った！」と仕事場を徘《はい》徊《かい》する姿は、ほとんどデジャブのようだ。思想は全く逆だと思うが、ジブリ社員の方とは「執念の塊である老年の上司」との付き合い方、という点で話が合うかもしれない。

要するに「タイトルは確かに尖っていたが、売れた理由はそれだけではない」というのが編集部内にいた人間の回答になる。

また、時期的にネットが社会に浸透していく中で、「ネット的なノリ」と雑誌のトーンが合っているとか、そもそも社会が右傾化していっているから部数が伸びるのではないかという分析もあったと思う。しかし次章でも触れるように、右寄りでネットの論調を意識したからといって、必ずしも部数が伸びるわけではない。いくつもの右寄り先行雑誌と、後追い雑誌が消えていった。

やはりそこには様々な意味で読者の心をつかむ工夫が凝らされていたのである。

「安倍晋三推し」にもつながる人物エピソード重視

もう一つ、特徴と言えるのが「人物エピソード」の重要性を重んじている点だろう。人は人のやることに興味を持つ。好きな人だけでなく、嫌いな人のやることにも関心を失わない。週刊誌のメインは、政治であれ芸能界であれ、つまるところ「誰が何をしたか」に尽きる。熱愛、結婚、離婚、不倫、犯罪に手を染めた、などなど。

そして記事や耳にしたことで、人に話したくなるのは往々にして「誰々って、何々したらしいよ」「あの時、誰それがこう言ったんだって」といったたぐいの具体的なエピソードだ。これがいかに大事かは、嫌というほど叩き込まれた。週刊誌時代からの「人は人のやることに興味を持つ」という感性から来るものだったのだろう。

だからこそ、エピソードトークがうまい安倍晋三元総理の話に編集長が引き付けられていったところもあるが、この点については第3章で詳述したい。

『ＷｉＬＬ』や『Ｈａｎａｄａ』で刊行した増刊号やムック形式の別冊の中でも、一冊丸ごとを特定の人物に寄せたものは少なくない。

具体的に挙げてみよう。

【月刊『ＷｉＬＬ』増刊号】

- 田母神《たもがみ》俊雄《としお》増刊号（２００９年8月号）
- すぎやまこういち増刊号（２０１１年12月号）
- 小沢一郎《おざわいちろう》増刊号（２０１０年6月号）

【月刊『Ｈａｎａｄａ』セレクション】

- 櫻井《さくらい》よしこさんと日本を考える（２０１６年8月発売）
- 百田尚樹《ひゃくたなおき》永遠の一冊（２０１７年12月発売）
- 安倍総理と日本を変える（２０１８年8月発売）
- ありがとう そして サヨナラ 安倍晋三元総理（２０２２年8月発売）
- われらの安倍晋三（２０２３年7月発売）
- 丸ごと一冊高田《たかだ》文夫《ふみお》増刊号（２０２４年6月発売）

●高市早苗は天下を取りに行く（2024年9月発売）

この中で作曲家のすぎやまこういち氏や、放送作家でラジオパーソナリティ、落語家でもある高田文夫氏は政治色の薄いものだが、作り方としては安倍晋三号と全く同じである。どんな人生を送り、何を経験して、今があるのか。本人や家族、同級生、仕事仲間などに身近な存在としての対象を語ってもらう。ほかに幼少期からの秘蔵アルバム、著作・作品解説など、政治家であれ誰であれ、花田編集長の「人への興味の持ち方」は同じと言っていいのだろう。ただし、小沢一郎氏に関しては批判的な姿勢から一冊を練り上げているので、他とは違う負のオーラが漂《ただよ》っていたが。

その時々、社会的に話題になっている人物そのものにフィーチャーし、一冊作り上げていく過程では、正直言って「この人にそんなに興味ないけど……」と思っていても、実際作ってみると、人に歴史ありとはよく言ったもので、どれも「へえこんなことがあったのか」と面白みを感じる。実際、読者からも好評をいただくことが多かった。

作家や芸能人ならともかく、政治的な人物を中心に据えるのは「まるで崇拝《すうはい》しているような、ヒーロー視しているような感じでよろしくない」という声もあったが、田母神増刊号が出版された後、朝日新聞系の出版物は、政治学者姜尚中《カンサンジュン》氏の「OFFの姿を収録したDVD」を付録にしていたこともあったので、その点ではお互いさまというところもあるだろう。

業界が推すことでアイドルを作り出していくという構図は、芸能界にも言論界にもあり、さらに政治思想においても、右にも左にもあるのだ。

レジェンドと新人が自由闊達に議論を交わせる編集部

こうしたドタバタな雰囲気ではあるが、編集部内の議論はこれまた意外にも闊達《かったつ》なものであった。

創刊からしばらくは、校閲《こうえつ》をベテラン編集者の諏訪部大太郎氏が担当しており、記事の是非に注文を付けていたくらいだ。自分の担当記事に、校正の赤字だけでなく「この記事は掲載に値せず！」「論理が破綻」などと書かれていることもあり、背筋が凍った。また別のベテラン校正者・岡本進氏からは「さすがにこの記事はちょっとどうかと思うな」「雑だね」などと直に言われることもあった。こうした厳しい指摘は担当編集者だけでなく編集長の目にも触れ、耳にも入っていたが、それで憤慨するような編集長ではない。なるほどと思えば否定的意見も採用し、そうでなければ「参考にします」と言いつつ掲載するという状況だった。

また、こちらは編集未経験で入社してきたド素人、一方の上司は先述の通り、『週刊文春』を毎週日本一売ってきたレジェンド級の編集者、元祖文春砲のような存在である。本来なら上から下に指示が出て終わり、でもおかしくないのだが、『ＷｉＬＬ』や『Ｈａｎａｄａ』編集部には編集長と編集者の間にも議論が存在していた。

そもそも先述の通り、規定量以上の原稿が集まるため、各編集者は自分の担当記事を掲載にねじ込むべく、延々とネゴシエートしなければならない。

また、長時間労働になるという意味で労働環境は厳しかったが、花田編集長は仕事の質に厳しいだけでパワハラ体質ではなく、編集部員の意見をよく聞くし、こちらも遠慮なく意見をぶつけた。「さすがにこの意見はおかしい」「このタイトルはやり過ぎではないか」など。言っても修正されずそのまま掲載されることもあるが、指摘が受け入れられることもあった。その点、上司と部下というよりは「一緒に雑誌を作る仲間」であり、最終決断と責任を持つのが編集長という関係性だった。

関係性がフラットになり過ぎたことが原因かもしれない事件を一つご紹介しておきたい。

それは『ＷｉＬＬ』２０１５年2月号に掲載された家鋪《やしき》さくら氏の〈たかじん夫人感涙手記〉をめぐる問題だ。さくら氏はやしきたかじん氏が亡くなる前に婚姻関係を結んだ女性で、病身のたかじん氏を看取《みと》るまでのさくら氏の〝献身〟を、百田尚樹氏が『殉愛』（幻冬舎、２０１４年11月）につづっている。しかしたかじん氏の遺族からは遺産をめぐる裁判を起こされる状況にあるとともに、『殉愛』も事実に反する記述をめぐり名誉毀損裁判になっていた。

そこで、花田編集長がさくら氏に会い、手記を載せることになったのだが、後からその企画を知った筆者は、仕上がった記事を見て疑問を覚えた。そもそも保守雑誌になぜ、ゴシップや芸能ニュースに近い話題の人物の手記なのか。今思えば、執筆陣の一人である百田氏への支援を示すものだったのだろうし、そもそも週刊誌的手法を右派雑誌に持ち込んでいるのだから、不思議はないのだ。

だが当時の筆者は雑誌の本分である保守のオピニオンと、個人の遺産をめぐる問題は全く関係ないではないかと考えた。

加えて当時、さくら氏に対する様々な疑惑は既に指摘されるところとなっていたので、そのいくつかくらいは、本人にぶつけるべきではないかと花田編集長に申し述べたのである。

なんやかんやり取りがあった後、編集長はひとことこう言った。

「キミ、女性だからってさくらさんに嫉妬してるんじゃないの？」

字面を見ても何を言っているのかわからないと思うが、正直、当時の筆者もさっぱり訳がわからなかった。花田編集長は女性だからと言って社員の能力を過小（過大）評価するような人間ではなかったこともあり、意図が全くわからなかったのである。おそらく、議論が白熱してきたのでクールダウンするための冗談半分の発言だったのだろう。

結局、さくら氏の記事はそのまま掲載されたが、事はそこで終わらなかった。手記掲載号発売から約２か月後の、２０１５年２月。宝島社から発売された『百田尚樹『殉愛』の真実』という本に、この時のやり取りがそっくりそのまま掲載されてしまったのである。

一体何が起きたのか⁉　書店で立ち読みしていてその個所を見つけた筆者は、青ざめてページを即座に閉じ、一度売り場を離れた。書店内をぐるぐる回り、もう一度読み直したが、やはり掲載されている。

どうしてこんなことに。よくよく考えてみたところ、『ＷｉＬＬ』にさくら氏の手記が掲載された後、筆者は友人である週刊誌記者に、愚痴《ぐち》話としてこのことをしゃべっていたのだ。「うちの上司、何を言っているんだかね」という笑い話のつもりだったのだが、これが

『殉愛』の真実』の執筆者の一人に伝わり、内部情報として掲載されてしまったようである（おおむね記述は事実ではあるのだが、筆者に裏取りを当ててほしかったとは思う）。

翌日、筆者は花田編集長に「さくら氏の記事をめぐるやり取りが、本に載ってしまいました」と謝罪した。

毎月が文化祭前夜

恐るべき作業量とスピード、そして闊達な議論、そして徹夜作業……。全くの未経験で編集という職業、それも蟹工船と評されるような過酷な環境に放り込まれたことになるが、それでも続けられたのは、編集という仕事が楽しかったからでもある。前職のSE時代にもデスマーチと呼ばれるものはあったが、その比ではなかった。

毎月、文化祭の前夜のような状況で、ああでもないこうでもないと言いながら作業をする。自分が読みたい記事を執筆者に依頼し、誰よりも先に寄せられた記事を読むことができ、会いたい人に取材と称して話を聞くことができる。花田編集長は「生まれ変わっても編集者になりたい」と言っているが、筆者も「確かにそうだな」と思っているうちに、嵐のような作業が過ぎてはやってきて、あっという間に日々は過ぎていった。

第2章

ゲリラ部隊は正規軍にはなれない

メディア状況の変化　背中を追いかけていたはずの先行雑誌が次々と消えていく

「え……本当に？　いやいやどうとでも続けられるだろ!?　まずいなあ」

筆者が心からそう嘆いたのは、2009年3月のことだった。文藝春秋社が刊行していたオピニオン雑誌『諸君！』の休刊が報じられたのだ。5月1日発売の6月号が最終号で、創刊40周年を区切りに休刊すると発表されたのである。

『諸君！』が創刊号以来の最大発行部数に達したのが2005年の夏頃から2006年の頭頃で、発行部数は6万数千部、実売は4万部前後だったという。2006年4月号は完売していたが、休刊発表までに減っていった部数の回復が見込めない、と判断されたのだろう。

それから15年が経過した2024年時点での雑誌の衰亡状況と比べると、当時の『諸君！』はまだまだ戦える部数だったのではないか、と思わざるを得ない。当時耳にした話では、もともと中道路線の文藝春秋内で会社のトップがややリベラル寄りになる中、『諸君！』の右に寄りすぎる論調はいかがなものかという雰囲気があり、「区切り」を口実に休刊に追いやられたとするものもあった。

一方、『W·iLL』は着実に部数を伸ばしていた。4号目のブレイクから瞬く間に公称10

万部を突破した。当時の保守オピニオン雑誌界は『諸君！』『正論』そして『WiLL』の三つ巴《みつどもえ》の状況にあった。当時はかなり保守路線に寄せていた月刊誌『Voice』（PHP研究所）も、同じ読者層をターゲットにしていた。

同じ戦線を守るものとして『諸君！』と『正論』の間には同志的結びつきもあったようで、『諸君！』休刊に合わせてエール交換を行っている。『日本の論壇雑誌』（創元社）で、現在帝京大学教授の井上義和《いのうえよしかず》氏は、両誌の関係を「同じ敵と戦う戦友」と表現している。「敵」とはいわば、自虐《じぎゃく》史観、東京裁判史観であり、日本の安全保障の備えすら否定する左翼であり、その象徴的存在である朝日新聞であった。このうち何誌かを合わせて買っている読者も多く、筆者も学生時代から『諸君！』と『正論』、そしてこちらも今は亡き（不定期刊となっている）『SAPIO』を購読していた。『WiLL』もあとからその戦列に加わった。

文藝春秋の『諸君！』は保守系の話題を扱いながらも、文春らしい明るさをどこかにまとっていた。『正論』は新聞社らしく、より実直で、正統保守、理念的な部分が強く、「わかる人だけがわかってくれればいい、保守の最後の砦《とりで》を守る」との硬派な雰囲気があった。

しかしいずれも、天下の文藝春秋と産経新聞社という大きな組織の刊行物であった。

その点、『WiLL』は編集長こそ文藝春秋社出身だが、編集部員は基本的には大会社での編集経験を持たない、3〜4人の人員で回していた。途中、社内の中堅編集者が書籍部から雑誌編集部に移動し副編集長を務め、そのセンスをいかんなく発揮していたが、雑誌編集部のスピードに合わせるのは実に大変そうだった。会社の体制も、2社とは比べ物にならないほど貧弱だった。誰か一人倒れれば雑誌が出ない（もしくは残りの人員がさらなる無理を重ねるほかない）状況で、常にギリギリの状況にあった。

『WiLL』は2004年11月の創刊から2016年3月まで（そして飛鳥新社に移っての『Hanada』の2016年4月創刊から現在まで）、編集長も交代していないし、これは会社規模の大小だけが理由ではないが、編集者も創刊以降、最小限の入れ替わりしか起きていない。

前章で述べたようなきつい職場だが、頻繁《ひんぱん》に人の出入りがない（退職者が出ない）のは、ひとえに花田編集長の元での雑誌作りが、なんだかんだ言って面白いからだろう。思想的には違っても、「ワークワークワーク」でも、「毎月文化祭」の魅力に抗うのは難しい。

週刊誌的なキャッチーさ、読者が何を求めているかを読み取る嗅覚《きゅうかく》、素人編集者が多いがゆえの読みやすさ、論の難易度の調整については優れていた一方、とにかく人員不足、資金不足、経験不足と貧弱な体制だったことは間違いない。天下の文春、全国紙たる産経の2社とは全く違う「超零細企業」感を帯びていたのである。

老舗保守雑誌が衰退する中で台頭する『WiLL』

創刊当初の『WiLL』は、読み物としての完成度の高い『諸君!』と、ガチな姿勢が支持される『正論』が二枚看板を務める保守系オピニオン雑誌業界に誕生したゲリラ雑誌というイメージだ。右派的な記事ではキャッチーなタイトル、しかしオピニオンだけでなく、面白ければスクープ的なネタが載ることもある「いい意味での無節操さ」もゲリラ的な神出鬼没感を醸《かも》していた。

ゲリラ部隊のリーダーである花田編集長こそ「昔取った杵柄《きねづか》」ともいうべき、正規軍で培《つちか》った経験や名声があるが、手下に当たる部下たちは、指導は受けているものの手製の武器で遮二無二《しゃにむに》戦っているようなものである。2010年頃まで編集部のあった靖国神社にほど近い古い雑居ビルの一室は、野戦病院のようなホコリ臭さとよどんだ空気に満ちていた(比喩ではない)。

ゲリラ部隊は「遊撃隊」とも訳されるが、これは新聞社が使うところの「遊軍」と同じで、「本拠地から離れている」ことを示す。正規軍がしっかり戦って本拠地を守っているからゲリラ部隊も戦いようがあるのであって、本拠地が壊滅したら「保守陣営」「保守戦線」は崩壊することになる。新興雑誌がゲリラ戦的な戦いで許されるのは、正規軍としての『諸君！』『正論』があればこそで、だからこその戦い方でもあり、存在しうる形態でもあった。

その正規軍の一角である『諸君！』が休刊するという。その衝撃は、ゲリラ部隊の隊員としてはかなり大きなものだった。

筆者にとって学生時代から読んでいた雑誌が終わること以上にショックだったのは、自分たちにのしかかる「論壇を形成することの責任の重さ」が増すことを実感していたためでもあった。

というのも、(『中央公論』『文藝春秋』などの編集者や読者、寄稿者からすればお笑い草だとは思うが) 筆者は当時『W・i・L・L』を「保守（右派）オピニオン誌」というだけでなく、「論壇誌」だと考えていたのである。編集部に入ってしばらくして、「うちの編集部で、『保守論壇』を担えるのか？　体制が貧弱すぎるのではないか」との思いを抱き始めていたところであった。この思いは、雑誌が評判を得て、部数を伸ばすほどに膨らんでいった。

既に、部数においては『諸君！』も『正論』も追い抜いていた。「雑誌が売れていいですね」「右派だけに、ウハウハでしょうね」などと言われることもあったが、編集部たる台所は常に火を噴《ふ》いており、論壇を担える体制にはなっていなかったのである。

そこに投げ込まれた『諸君!』休刊の報。これにはショックだけでなくかすかな不満も覚えた。文藝春秋ほどの体力（人材、資金力、体制その他）があれば、いくらでも面白い雑誌が作れるはずだ。減っていく部数を前に『WiLL』みたいに尖らせないと売れないくらいなら止めるべきだ」という意見もあったかもしれないが、右寄り路線が気に入らない、部数が伸び悩んでいるとはいっても、相応の読者を抱え、世間に何らかの影響を与えている以上、どんな形になっても続けていけるのではないか、と。

『諸君!』読者としての筆者は、毎月の刊行を楽しみにして、少なくとも1年分は自宅に保存していた。そういう読者を数万人単位で抱えながら、ぷっつりと読者とのつながりを断ってしまうのかという一抹の寂しさもあった。重ねて、その不満の背後には、「うちのようなゲリラ部隊が、ゲリラのまま保守論壇の先頭に立つようではまずい」という不安もあったのである。

しかし、それについて何らかの対策を打ったり、準備したりする余裕は、編集業界に入って4年程度の筆者には全くなかった。第1章で述べたように、毎号の編集（と増刊号、連載をまとめたものなど雑誌から派生する書籍など）の作業に追われ、とにかく多忙で目の前の作業と企画出しをこなすので精一杯だった。しまいには中堅どころの副編集長まで退社することとなり、事態は一層切羽詰まった状況となった。

「右傾化した若者代表」になる寸前だった

2000年代初め頃から、インターネットが社会に浸透し始め、出てきたのが「ネット右翼」と呼ばれる人たちであった。ほかでもない、筆者も「ネトウヨ」と呼ばれる前の「ネット右翼」というカテゴリに属していたという自覚がある。朝日新聞を中心とするリベラル系メディアの論調に批判的で、靖国神社への批判に反発し、歴史認識においても（いわゆる）自虐一辺倒の姿勢を良しとせず、ネット掲示板を読んだり書き込んだりするような人たちのことである。

当時から中韓、在日コリアンなどに対する「蔑視《べっし》」や、今で言う「ヘイト」的なことを書き込む人たちもいたが、あくまでも歴史認識問題において、中国や韓国と対峙《たいじ》する、その面において、中韓の側に立ちがちなメディアを批判する、との姿勢を保っている人たちを含めて「ネット右翼」と呼ばれていたのではないかと思う。

筆者も、今では古の遺物と化している交流サービス「ミクシィ」の「ネット右翼と呼ばれても」というコミュニティに入っていた。今では当事者ほどネトウヨを蔑称扱いする傾向がある。だが、「ネット右翼」と呼ばれ始めた当時、「仮に他人からそう呼ばれるとしても、国のために言うべきことを言うのだ」との姿勢を持っていたのは筆者だけではないと思う（ネット右翼からネトウヨになり、現在までの間にその質が変わってしまった面はあるが）。

そもそも筆者が右寄りになったのは、排外主義とは全く関係ないところからだった。筆者の父は自衛官だったのだが、小学生の頃に担任教師から「あなたのお父さんの仕事は世間で嫌われているので、外では『父の仕事は公務員です』と言った方がいいよ」と言われた経験を持つ。衝撃を受けたが、親が気の毒でしばらくこのことを話すことができなかった。

その後も中学の教員から「君にはあの学校は向いてない」と言われた近隣の公立高校の生徒たちが、ド派手な卒業式ボイコットを敢行して全国的な話題になったり、高校の卒業式の際に起立しなかった教員がいたりした。これらの経験が、大学に入る頃になってつながり、「右や左やの問題から生じたもの」だったことに気付いたのである。

さらに大学では憲法9条の問題、台湾と中国の関係などを知る機会もあり、その過程で、『諸君！』や『正論』にたどり着いた。インターネットが発達してからは、ミクシィやブログなどにも自分の意見を書くようになった。

ネット右翼の「誕生」は2002年前後と言われ、一説には2002年5月末から6月末にかけての日韓ワールドカップ共催が契機だったとされる。筆者の実感としてはサッカーよりも小泉訪朝による拉致《らち》問題の顕在化や、小泉首相の靖国参拝と、それに反発して中国で沸《わ》き起こった反日暴動などの方が、ナショナリズムに対する刺激としてははるかにインパクトが大きかったように思う。

ただ、右傾化なるものにもいろいろな経路があり、確かにワールドカップ共催で「韓国を知った」人が多かったのも事実だろう。ナショナリズムの盛り上がり、不正があったのではと思わせるほどの韓国有利なジャッジなどに面喰らった人たちがいた。

また、顔に日の丸をペイントして国旗を振り、「ニッポン!」と叫ぶサッカーそのものがナショナリズムの発露を促したと見る分析もあった。2002年9月に刊行された香山リカ『ぷちナショナリズム症候群』(中公新書ラクレ)はその先駆けだった。

以降、メディアで「若者の右傾化」がクローズアップされるようになる。筆者は2004年頃だったか、まだ『WiLL』編集部に入る前の時期に、こんな経験をしている。TBSの報道番組「筑紫哲也のNEWS23」を制作する女性スタッフから、「若者の右傾化特集を考えているので、当事者として番組に出演してほしい」「できれば職場から自宅まで撮影したい」と持ち掛けられたのだ。先のミクシィのコミュニティを通じてのものだった。

若者の右傾化の一つのケースを広く知ってもらいたい気持ちはあったが、NEWS23は当時、リベラル番組の権化のような位置付であった。ひとたび出演すれば、どのように編集（偏向した内容に）されるかわからない。その旨をスタッフに伝えると、「そこは私を信じて任せてほしい」「むしろ凝り固まった筑紫さんの向こうを張るような内容にしたい」と言う。

そこまで言うのなら、と「編集後の映像を確認させてもらえるならいいですよ」と伝えると、それはさすがに約束できないとのことで、交渉決裂となった。

後日、当該番組を見ると、若い男性二人が登場。一人はカラオケで「君が代」を歌い、一人は普段働いている工場の薄暗い廊下で我が身のつらさに打ちひしがれながらも、家では小林よしのり『戦争論』（幻冬舎）を読んで、愛国ラップを作っているという〝右寄りな〟日常が切り取られていた。そしてVTRの最後は、靖国神社の鳥居と本殿の向こうに、二人の体が半透明になりながら吸い込まれていく謎の演出で終わっていた。

放映から数年後、愛国ラップの青年に会うことができたのだが、「あんなVTRにされるとは思わなかった。いろいろな本を読んでいるのに、わざわざ『戦争論』が目立つように本の山の上に置かれた」と嘆いていたのを覚えている。出演してしまった青年を前にして申し訳なかったが、出演を断ってよかったと心から思った。

後追いの右翼雑誌は『Ｗｉｌｌ』に勝てず

いずれにしろ、この頃から、ネットユーザーの中で「保守・右派（反朝日新聞・反中韓）」が目立つようになってきた。ものすごい部数を売った『マンガ 嫌韓流』（晋遊舎）が刊行されたのは、『Ｗ・ｉ・Ｌ・Ｌ』が刊行されてから約8か月後の2005年7月のことだ。

この間、『Ｗ・ｉ・Ｌ・Ｌ』は部数を伸ばし、いわゆる保守系の書籍も多数刊行されるようになった。これは「右傾化」の波に乗ったものであり、それを出版物が煽ることでさらに右傾化していった——と分析されるところかもしれない。確かに『Ｗ・ｉ・Ｌ・Ｌ』の売り上げ増を見てか、数冊の「保守系後追い月刊誌やムック」が刊行されている。

- **『激論ムック』**（オークラ出版、2006年11月創刊、不定期刊行）
- **『激論』**（『激論ムック』の後継で2011年2月刊行、表紙まで『Ｗ・ｉ・Ｌ・Ｌ』にそっくりだった）

●『ジャパニズム』（青林堂、2011年4月創刊）
●『JAPAN CLASS』（東邦出版、2014年12月創刊）

だが、いずれもすでに廃刊（休刊）している。『激論』は2014年で姿を消すことになり、『ジャパニズム』は2020年まで続いたものの、途中からはスピリチュアル系（？）のよくわからない雑誌になった。

後発の『JAPAN CLASS』は若干毛色が違って「外国人目線から見て日本を褒める・評価する」ことがコンセプトだったようだが、19年8月に刊行された24号を最後に出版されていない（アマゾンレビューには「ネタ切れ」「むしろ海外からの厳しい意見を掲載して、日本が前進するための参考にしては」という主旨の真面目な内容が書き込まれていて涙を誘う）。

さらには2019年、これも筆者の愛読誌だった『SAPIO』が休刊。『SAPIO』は国際情報誌として1989年に創刊し、他の月刊誌とは違って判型も週刊誌サイズのグラビアで見せるスタイルで、小林よしのり氏の漫画「ゴーマニズム宣言」も連載していた。やはり30年続いた老舗雑誌だったが、隔週《かくしゅう》刊から月刊、隔月刊、さらに不定期刊となり、あえなく休刊となった。

世間で言われているように、「右傾化の波が来ており、その波に乗れば何でも、出せば売れる」かに思われたが、実際にはそうではなかったのである。各社とも（中韓批判を含む）保守系の書籍はその後もしばらく売れていたが、右傾化の波はあっても、雑誌衰亡のスピードはもっと速かった。

『WiLL』一強への不安

先行雑誌が消え、後追い雑誌も消えていく中、部数を伸ばす『WiLL』。恐るべきことに、2010年代には「『文藝春秋』の背中が見えてきた」のであり、花田編集長も「瞬間風速なら抜けるかもしれない」と言い出すようになったのである。

しかしそれで本当に「大丈夫」なのか。確かに筆者をはじめ右派っぽい考えを持つ編集者はいたが、それは思想的なもの、政治的なものを広く俯瞰《ふかん》したうえでのスタンスではなく、いわば「リベラルメディアに対するカウンター」の域を出ていなかった。「朝日新聞の逆が常に正しい」と半分冗談で、しかし半分は本気で指摘する姿勢が、編集部にも執筆陣の一部にもあったわけだが、それ「だけ」で国民雑誌の部数を超えられるのか。超えていいのだろうか。

もちろん『諸君！』休刊時点では先のことはわからなかったが、この後、2009年9月には自民党から民主党への政権交代が起こり、政治の季節となって、政権批判や政権側に付くメディアに対する批判が社会でもネットでも盛り上がっていった時期だ。

2010年の尖閣諸島沖中国漁船衝突事件で対中ナショナリズムはさらに火を噴き、菅《かん》直人《なおと》政権が外国人献金問題で退任寸前に追い込まれていた矢先に起きた2011年の東日本大震災で、原発問題が新たな社会の分断を生み出した。さらには尖閣諸島の国有化と、竹島問題の勃興。そして2012年末の安倍政権の誕生につながっていく。

国内だけでなく、右も左もなくメディアが取り上げざるを得ない政治・外交のテーマが目白押しとなっていくこの時期、『WiLL』はさらに部数を伸ばしていくが、ゲリラ部隊員としての筆者は、雑誌の隆盛とは逆に、ここから一層「これで本当に大丈夫なのか」を思い詰める暗黒期に入っていくことになる。

「愛読していた雑誌の編集部に入ることができ、執筆陣に会って、自分の読みたい記事の企画を実現できる楽しさ」を無邪気に享受できる状況ではなくなってきてしまったためだ。

「既存勢力へのカウンター」というスタンスの危うさ

危機感を決定づけたのは、国際政治論・外交史が専門の豊下楢彦《とよしたならひこ》氏の『「尖閣問題」とは何か』（岩波現代文庫、2012年11月に出版）を読んだことだった。

第1章でも話題に出したが、2010年9月の尖閣諸島沖中国漁船衝突事件を受けて刊行した尖閣増刊号は、突貫工事ではあったがなかなかの充実した内容であり、売れ行きも良かった。『WiLL』ではおなじみの触れ込み通り、「新聞・テレビが報じない」尖閣の歴史や中国の言い分に対する反論などが掲載され、かなりの論点を網羅したという手ごたえがあった。編集作業では当然、すべての記事に目を通しているわけで、本書の作業を経て「自分も尖閣に関してはかなり詳しくなった」くらいに思っていたのである。

ところがだ。へえこんな本が出たのかと手に取った『「尖閣問題」とは何か』のページをめくるや否や、自覚なく高くなっていた鼻はいっぺんにへし折られることになった。全く意識していなかった事実が、さらりと自明のこととして書かれていたのである。

「知られざる尖閣の真実」といったたぐいの話ではない。この事件を機に、当時都知事をつとめていた石原慎太郎《いしはらしんたろう》氏が「都として尖閣の島を購入する」との方針を示した。その費用のための募金まで行われた。しかし、購入対象とした個人所有の島の中に、当初久場島《くばじま》が入っていなかった。それは、久場島が国有地の大正島と合わせて「米軍の管理下に置かれているから」だとするものだった。

本書には〈石原氏は、尖閣諸島の「主権を守れ」と声高に叫びながら、主要な五島のうち二島が米軍の管理下にあって日本人が立ち入れない領域になっており、しかもその目的は、米軍の射撃場の訓練に使用されるためであるという、尖閣の根幹にかかわる問題には一切触れようとしないのである〉とある。

これは尖閣を論じる人なら誰でも知っていなければならない事実であろう。中国に取られるのと、同盟国アメリカに管理されるのとでは話が違う、という意見はあろうが、そもそも知っていなければ話にならない。こんな大事なことを知らなかったなんて！　当時新聞報道でも扱われていたはずだが、見落としていたのか。とにかく、この箇所を読んでびっくり仰天《ぎょうてん》した次第である。

驚いただけでも、鼻をへし折られただけでもない。筆者は率直に言って恐ろしくなった。右の言説だけをいかに大量に読んでも、片翼飛行では全体像から何が欠落しているのかに気付くことはできない。気付かないまま知ったかぶっていたとしたら、こんなに恥ずかしく、恐ろしいことはない、と。

さらに広げれば、保守言説の中では正しく、定説になっているような情報さえ、違う側面があったり、新たにわかった新事実によって覆されている可能性もある。それを知りもせず「左派は自虐史観に凝《こ》り固まっているから……」式に、自分たちの側こそ正しく、〝世界や事実がよく見えて〟いて、情報が更新されているなどと思っていたらとんでもないことになる。

実際に、慰安婦《いあんふ》問題では1980年代から引用を繰り返されてきた「慰安婦の金学順《キムハクスン》は、40円で親に売られた」「これは韓国での訴状に書かれている」というフレーズが、2018年9月になって事実無根だったと判明したこともあった。筆者が病欠で休職に入る直前の出来事だったが、このことを知った時には全身の力がぐったりと抜けた後に怒りがこみあげてくるような、かなりの衝撃を受けたものだった。

『WiLL』の朝日新聞批判の中には、伊藤律架空会見記事から始まって、KYサンゴ捏《ねっ》造《ぞう》記事、そして慰安婦問題に至るまでの数々の誤報や偏向報道に対するものが含まれてきた。金学順さんをめぐる保守側の指摘は、その代表的なものでもあった。朝日新聞を厳しく指弾しながら、その批判材料の中に創作や捏造が含まれていたとなれば、朝日に対してだけでなく読者に対しても詫びなければならない。今後、一体どんな態度で朝日新聞を批判しうるというのか。

しかしこの件は「植村隆《うえむらたかし》氏に対する名誉毀損裁判」の文脈でしか語られず、話は「勝訴した」というものに収斂した。

自分一人が恥をかいて済むならまだしも、編集に携わっている以上、そうした古くなった情報、不備のある情報を読者に伝えてしまいかねない。不備のある情報を読んだ読者がそのまま、よそで断定的に話でもしたら、間違いや情報不足を指摘されて恥をかくかもしれないと2012年頃から考えるようになった。

そうした手抜かりを防ぐためには、せめてよく話題になる、しかも摩擦《まさつ》係数の高い問題（慰安婦問題、南京事件その他）について、右だけでなく左の言説もくまなく目を通しておかねばならない。学者と同等にある分野について学ぶなど、到底できないが、雑誌では「左翼学者」を徹底的にこき下ろしてもいたのである。もちろん、こき下ろしているのは編集部が依頼した執筆者だが、ものを知らなくてどうしてその指摘が正しいと言えるのか。しかし筆者にはそこまでのキャパシティはないし、さらには企画に落とし込んで誌面に反映するのは至難の業であった。

それまでは「ゲリラ部隊で大丈夫か」とうっすらとした不安を感じていたに過ぎなかっ

たが、この件で決定的に危機感を覚えた筆者は、ほとんどスランプ状態に陥った。自分が面白いと思う企画を出すことに変わりはなく、中韓に対する批判的企画ももちろん出してはいたわけだが、「〝面白い〟だけでは済まないのではないか」という思考にとらわれたからである。

当然、左翼学者の言い分にまで目を通したからと言って、学んだことを企画に反映できるとは限らないし、提出しても採用されるとは限らない。リベラル系の学者や書き手はそもそも、雑誌には登場したがらない。連載陣には幅広い人たちが名を連ねていた（時期もあった）が、特集記事となれば「左翼を舌鋒鋭く批判する、尖った企画」の方が圧倒的に会議を通過するし、そういう意味での読者受けもいいに決まっていた。

しかしスランプ状態の筆者は、かなりの葛藤を抱え込むことになった。せめてもの読者への務めを果たそうと、ギリギリのラインを狙って「おなじみの保守の書き手の本ではないが、保守派も知っておくべき内容」、という（自分なりの）基準に合致する書籍を、「編集部による書評欄」で紹介するようになった（これは現在、『Ｈａｎａｄａ』のウェブ版である「Ｈａｎａｄａプラス」で筆者が連載中の書評「読書亡羊」に引き継がれている）。

「単にカウンター狙いでいるだけでなく、全体を理解したうえで保守派の意見が通るような格好にしなければならない」「できることなら、思想の左右に限らず、読者に知ってほしい内容を企画にしたい」という思いは、ゲリラ部隊にもかかわらず戦いの先頭に立たされたことでより募ることになった。

しかしここで、そうした姿勢では全く立ち行かなくなる事態に直面することになる。2012年12月末、第二次安倍政権が誕生したのである。

お察しの通り、安倍政権期の左右の対立は修復不可能に思われるほどに深まった。「左翼のカウンターにとどまらない、リベラル側の知見も巻き込んで、保守派の立ち位置を構成していきたい」などと言っている場合ではなくなったのである。

第3章

「最強のアイドルにして悲劇のヒーロー」

安倍晋三

保守派のアイドルにして花田編集長の「推し」

2023年の大ヒットソングとなったYOASOBIの「アイドル」。「金輪際《こんりんざい》現れない一番星の生まれ変わり」という歌詞に、「保守派のアイドル」として君臨した安倍晋三元総理を連想せざるを得ない。そして文字通り星になった（暗殺事件により逝去《せいきょ》した）劇的な人生は、その政治手腕に対する評価から冷静さを失わせ、上下左右に揺るがせてしまう。ファンもアンチも、評する言葉が過剰なものになってしまうためだ。

『WiLL』や『Hanada』の雑誌としての姿勢は、言うまでもなく「安倍支持」である。2004年11月の『WiLL』創刊以来、この20年弱の時期の中で、安倍晋三が政権を担《にな》っていた期間は、第一次・第二次政権を合わせて実に8年8か月と、半分近くを占めることになる。もちろん登場回数も、関連記事も多いのだが、「安倍熱烈支持」の旗幟《きし》がとりわけ鮮明になったのは、意外に思われるかもしれないが2012年の第二次安倍政権期に入ってからであった。

実は分裂後の『WiLL』は一時、「安倍政権に厳しいことも言う」スタンスを取りかけたこともあったのだが、売れ行きに影響したのかどうか、すぐに〈それでも、やっぱり安倍晋三！〉という特集を組んでいる（2016年8月号）。

『Ｈａｎａｄａ』も同様に、佐伯啓思《さえきけいし》氏が〈歴史的転換の時代、安倍政権本来の課題〉（2016年10月号）と題する提言を行っているが、２０１６年12月号では国連総会での一般教書演説を全文掲載するなど、「安倍色」は強まっていくことになった。

米国サイドでは高い評価を受けたという２０２４年4月の、岸田文雄《きしだふみお》首相による米議会演説が全文掲載どころか肯定的に言及されたかすら怪しい状況とは、実に対照的と言える。

安倍氏は議員になって以来、「保守派の星」であり続けたが「当初から一貫して花田編集長の推し」だったわけではない。様々な要因から「推し方」が変化して「激推し」に至ったというのが実際のところではなかったかと思う。「いやいや、最初から最後まで安倍推し、アイドルの中でもセンターだっただろう」と、これも外からの評価としては疑問符が付くかもしれないが、実際のところを見ていきたい。

表1は、『Ｗ・ｉＬＬ』『Ｈａｎａｄａ』の安倍氏の登場号とタイトルである。途中で『Ｗ・ｉＬＬ』は編集長・編集部員ともに入れ替わったが、その後も両誌が競うように安倍氏を登場させているのがわかる。雑誌が分裂したことで、安倍氏の登場回数も倍増し、応援記事も倍増することになった。この雑誌の分裂が、「安倍推し」のありようの変化に与えた影響は測りがたいが、何らかの影響はあっただろう。

表1 『WiLL』『Hanada』の安倍氏の登場号とタイトル

WiLL

年月号	タイトル	聞き手・対談相手
2005年2月号	私の自民党改造計画	大下英治・その他
2006年4月号	私が考える「この国のかたち」	
2009年2月号	麻生総理よ、断固たる決意を!	
2009年8月号	NHK台湾番組は放送法違反か	
2009年12月号	中川昭一さんへの弔辞	
2010年7月号	暴走内閣を阻止せよ!	「創生日本」との座談会
2010年8月号	「陰湿な左翼政権」これだけの危険	
2010年11月増刊号	民主政権でわが領土は守れない	
2011年4月号	日印同盟で中国に立ち向かえ	櫻井よしこ×田久保忠衛×島田洋一　シンポジウム採録
2011年7月号	震災復興 私ならこうやる	
2011年11月号	正気ですか? 野田さん!	
2012年10月号	「安倍晋三再登板待望論」に初めて答える	百田尚樹
2012年12月号	安倍晋三復活宣言!	金美齢
2013年10月号	第Ⅰ部「取り戻すべき日本」について語り尽くす 第Ⅱ部『永遠の0』の時代、『海賊とよばれた男』の時代	百田尚樹
2015年8月号	「平和安全法制」私が丁寧にわかりやすくご説明します	
2015年11月号	安倍総理大臣「長期政権」の抱負を語る	櫻井よしこ×田久保忠衛
	--------雑誌分裂------	
2017年7月号	保守の神髄として	渡部昇一追悼
2018年5月号	国難突破! 輝く日本へ	加地伸行
2019年7月号	総理が語る　令和の国づくり	ケント・ギルバート
2020年12月号	安倍前総理、心境を語る	ケント・ギルバート
2021年7月号	東京五輪をコロナ勝利のエネルギーに	弘兼憲史
2021年10月号	TOKYO五輪、金メダルものです!	
2021年12月号	高市早苗総裁にスイッチが入った瞬間	櫻井よしこ
2022年2月号	台湾侵攻は中国の自殺	櫻井よしこ
2022年4月号	嵐を呼ぶ男——託された遺言	石原慎太郎追悼
2022年5月号	今こそ核を語るとき	河野克俊
2022年6月号	プーチンは力の信奉者	北村滋
2022年8月号	防衛費GDP比2%は独立国家の証だ	櫻井よしこ

Hanada

年月号	タイトル	聞き手・対談相手
2016年12月号	国連総会一般教書演説一挙掲載	演説採録
2018年2月号	未来への新たなる決断	有本香
2018年4月セレクション	逃げる気か、朝日!	過去記事の採録
2018年8月セレクション	次の世代のために	増刊号『安倍総理と日本を変える』
2019年1月号	私と日本国民は自衛隊と共にある	
2019年2月号	日本経済を語り尽くす	上念司
2019年8月号	朝日新聞と無責任野党に問う	櫻井よしこ
2020年2月号	習近平主席と文在寅大統領には一歩も譲りません!	
2020年9月号	安倍晋三内閣総理大臣、闘争宣言	
2021年4月号	世界に示した日本人の雄々しさ	
2021年7月号	歯を食いしばって菅政権を支えよう	石橋文登
2021年8月号	東京五輪・菅総理・ワクチン接種・習近平・自衛隊・台湾・次期総理総裁・総選挙——全てを語ろう	櫻井よしこ
2021年10月号	中国の脅威とどう闘うか	H・Rマクマスター（元トランプ大統領補佐官）
2022年2月号	世界史を変えた日本【『[新版]日本国紀』特別対談】 1・菅さんとの強い絆　2・台湾有事は日本有事だ 台湾「国策研究院」で、台湾有事を大いに語る 日豪は特別な戦略的パートナーだ!	百田尚樹 櫻井よしこ
2022年4月号	「佐渡島の金山」推薦　韓国は関係ない!	
2022年5月号	私が会ったプーチン大統領とゼレンスキー大統領	
2022年6月号	「佐渡金山」問題は「歴史戦」だ	加藤康子
2022年7月号	アベノミクス批判に反論する	本田悦朗
2022年8月号	「歴史戦」は真っ向から闘え!	櫻井よしこ
2022年6月セレクション	自衛隊違憲に終止符を	（絶筆）

※タイトルは目次にならった

表2　『WiLL』『Hanada』の安倍晋三特集記事

WiLL

年月号	タイトル
2013年1月号	さあ、日本再生へ！
2013年7月号	がんばれ、安倍総理！
2014年2月号	安倍政権に活を入れる！
2015年2月号	安倍政権で「輝ける日本」へ
--------雑誌分裂------	
2016年8月号	それでも、やっぱり安倍晋三!
2017年1月号	さぁ、トランプだ 覚悟せよ！
2017年10月号	安倍首相のどこが悪い
2017年11月号	解散・総選挙!
2017年12月号	国難はこれから――安倍政権でよかった!
2018年5月号	国難突破！　輝く日本へ
2018年6月号	モリカケ騒動　いい加減にしろ
2019年7月号	総理が語る 令和の国づくり
2020年2月号	三文芝居「桜を見る会」
2020年11月号	世界中からエール　身命を賭した安倍政権の光輝
2022年9月号	安倍総理ありがとう！
2022年11月号	安倍晋三総理国葬儀　大特集
2023年8月号	安倍さんがいたら、こんなことには…

Hanada

年月号	タイトル
2017年9月号	常軌を逸した「安倍叩き」
2017年11月号	安倍政権の反撃
2018年1月号	安倍総理は本気だ！
2018年7月号	安倍政権はなぜ強い
2018年8月号	米朝会談と安倍の闘い
2018年10月号	結論！　安倍以外に誰が
2018年11月号	安倍総理、新たなる闘いへ
2020年11月号	ありがとう安倍晋三総理
2021年11月号	安倍・高市は本気だ！
2022年9月号	安倍総理よ、永遠に
2022年10月号	安倍総理を忘れない！
2022年11月号	溢れる「安倍愛」！
2023年4月号	安倍なき日本の針路！
2023年8月号	あなたを忘れない！
2024年8月号	安倍総理を思わない日はない！

表2は第二次安倍政権期に限った「安倍政権特集」の本数。タイトルでは推し色が強くとも、実際の中身のトーンにはそれぞれ差があるが、それにしてもすごい本数である。また、タイトルや特集名からはわからない、本筋は朝日新聞を批判する記事であっても、その実は「安倍を批判する朝日を批判する」という事実上の安倍推し（支持、擁護《ようご》）記事というものも少なくない。

2016年時点で公称10万部（超）だった『WiLL』が、『WiLL』と『Hanada』に分裂し、それぞれ部数は一時半減したものの、安倍を推す雑誌が2冊になり、競うように記事を出したために推し記事は2倍になった。これが世論にどのような影響を与えたのかは、これまた測りがたいところがあると思うが、ネット世論の盛り上がり、安倍氏を支える論客のインフルエンサー化また安倍政権自身のネット活用と相まって相応の影響力を持ったことが、安倍政権の長期化に資した面は少なからずあったに違いない。

「世襲だからこそ」

それにしても、安倍氏はどうしてここまでの「保守派の一番星」となったのか。A級戦犯容疑者から首相となり、安保闘争で左派とぶつかった岸信介《きしのぶすけ》を祖父に持つことも影響しているだろう。父である安倍晋太郎《あべしんたろう》、その父でやはり政治家だった安倍寛《あべかん》の系譜よりも、やはり岸信介の血筋を安倍氏に見ていた保守派の重鎮たちは多い。

安倍氏が披露する岸信介との思い出（幼いころ、祖父の前で「アンポハンタイ」と述べたという逸話）も、岸氏を知る世代には好ましく思えたに違いない。

重鎮たちは安倍氏が若手議員の頃から目をかけ、勉強会を開いてバックアップしてきた。そのメンバーは元外交官（駐タイ大使）の岡崎久彦《おかざきひさひこ》氏、上智大学名誉教授の渡部昇一《わたなべしょういち》氏、評論家で、岸信介の通訳を務めたこともある金美齢《きんびれい》氏などであった。安倍氏よりも世代が上の論客や有識者たちは、ほとんど「じいや、ばあや」のように、時に厳しく、基本的には優しさをもって安倍氏を見守り、育ててきたのである。

そして、その安倍バックアップ体制を敷いてきた人たちの一部は、『ＷｉＬＬ』や『Ｈａｎａｄａ』の常連執筆陣でもあった。そこに新しい世代からも応援の声や、安倍批判に勤《いそ》しむ左派メディアへの批判を行う論客が加わっていった。加えて安倍政権に厳しく、蛇蝎《だかつ》のごとく嫌っていた朝日新聞や反安倍勢力に対抗する形で、親安倍陣営が形成され、反安倍陣営との空中戦をリアルで、ネットで展開していくことになる。

中でも、「反朝日新聞（反メディア）」という姿勢は、安倍氏自身の姿勢ともぴったり重なっている。

生まれながらに「保守の一番星」となることを運命づけられていた安倍氏だが、ともすれば「血脈」以上に保守派を引き付けたのは、「リベラル左派、特に朝日新聞と戦う姿勢」だった。

安倍氏は大学在学中から『諸君!』を購読し、「刺激的であり、新鮮な内容」「(祖父に批判的な)左翼の方がおかしかったのだ」と認識したという。ここで、出自が反メディアであるところのネット保守・ネット右派・ネット右翼の心理と高い親和性があった。

安倍氏は以前から「反朝日(左翼)」だったが、ネット以前の社会状況下で、メディア批判、それも大手の、クオリティペーパーと呼ばれる新聞を敵に回す姿勢を、ましてや政治家が取るのはかなりの困難を伴っただろう。

実際、2006年9月末から2007年9月末までの任期で幕を閉じた第一次安倍政権時は、メディアからひっきりなしに批判され、コテンパンに叩かれ、自身は持病を悪化させて退陣に追い込まれている。

それでも、朝日新聞に代表されるリベラルメディアに対してファイティングポーズを取り続けたのはなぜか。安倍氏自身は、こうした姿勢について、筆者のインタビューに対してこう述べている。
〈私が父の地盤を引き継いだ二世議員として、「他の候補者よりも圧倒的なアドバンテージがある以上、言うべきことは言う、戦う政治家であらねばならない」という考えから来る、私の政治信条です〉（『PRESIDENT』2021年7月16日号）
〈安全保障面の積極政策に加え、憲法改正や歴史問題に取り組んできた私は、朝日新聞にとってはまさに「目の敵」でした。そのために折に触れて批判されてきたのですが、しかしだからと言って正しいと思うこと、国のためにやらなければならないと思うことを引っ込めているようでは、政治家としては失敗です〉（『PRESIDENT』2021年10月15日号）
つまり安倍氏自身は「メディアと戦うことで被る不利を、世襲であることの利点と相殺できる立場にあるからこそ、言い続けた」のだが、この〝戦う姿勢〟が不利になるどころか、多くの保守系の支持者を引き付けることになったわけである。
さらに言えば、朝日新聞が安倍氏を若い頃から「目の敵」にし、折に触れて批判してきたことが、むしろ安倍氏を鍛え、ファンや支持者を増やす一因にもなったのだ。

第一次安倍政権退陣後は「推し」ではなかった

実際、第一次安倍政権の崩壊は、第二次安倍政権の長期化や支持者の熱意に大きな影響を与えていた。

『WiLL』は創刊以来、90年代の自民党政権をかなり強く批判してきた。特に歴史認識問題の文脈だが、それだけに保守派にとって2006年秋に誕生した安倍政権という存在は、「ようやく本当の保守政権が誕生した」という感慨にあふれるものだった。

今から思えば小泉政権は小泉総理による靖国参拝を複数回実施し、中国との対決姿勢は鮮明だったうえ、安倍氏が取り組んできた拉致問題でも成果を出しているのだが、保守派の間で小泉政権は「(俺たちの)保守政権」とはみなされていない。靖国参拝をしてもそれは当然のことであり、「参拝が8月15日ではない」「賽銭《さいせん》をポケットから出した」などと難癖をつけられる始末だった。拉致問題に関しても、北朝鮮からの被害者の帰国が実現した際に官房副長官だった安倍氏の功績の方が、むしろ称《たた》えられているほどだ。

その後、誕生した第一次安倍政権は教育基本法の改正、防衛庁の省昇格といった大きな成果を残したものの、わずか1年で退陣に追い込まれてしまった。メディアからかなりの批判を浴び、顔面蒼白といった様子で辞任会見を行った姿は、保守派に「俺たちの安倍が、メディアに潰された」との思いを強くさせた。ようやく誕生した本物の保守政権が、憎きメディアによって瓦解《がかい》させられたと見たのである。

第一次政権退陣後に刊行された『WiLL』2007年11月号には、西村慎吾《にしむらしんご》氏の〈安倍総理への鎮魂曲《レクイエム》〉のほか、名物対談連載の蒟蒻《こんにゃく》問答（堤堯《つつみぎょう》氏・久保紘之《くぼこうし》氏）の〈安倍に正当なる政治死を〉が掲載されている。山際澄夫氏の〈安倍政権を殺したのは朝日新聞だ〉は、まさに当時の保守派の心境をそのままタイトルにしたような記事だ。

とはいえ、この頃はまだ『WiLL』（というか花田編集長）にとって、安倍氏は「保守政治家の一人で、朝日に叩かれて退陣した首相」というもので、本格的な推しになってはいなかった。特集も安倍退陣の衝撃からすぐに抜け出し、以降の内政ネタは「小沢一郎批判」「民主党批判」に移っている。

その後、政権は福田政権、麻生《あそう》政権とやはり1年余りの任期で交代し、その間は西尾幹《にしおかん》二《じ》氏による〈皇太子さまにあえて御忠言申し上げます〉（2008年5月号〜）記事とその反響、田母神論文に関する特集（2009年1月、2月号）などが大きな話題に。2009年9月の政権交代に至ってからは、いよいよ本格的な「民主党政権批判」の記事が続くことになる。

民主党政権期は、下野した自民党に危機感があったこともあってか、安倍氏の登場回数が増えている。

第二次安倍政権で雑誌が「応援団化」した理由

そして安倍氏が「悪夢の民主党政権」と呼ぶ3年が過ぎ、2012年秋頃から「安倍再登板」を待望する声が掲載されるようになる。

第二次安倍政権の誕生には完全なるナラティブが出来上がっていた。総裁選に出るようにと後押しする論客や政治評論家が会見を開き、「出でよ安倍」を訴える。花田編集長も呼びかけ人に参加していた。朝日新聞の猛攻によって文字通り倒れた安倍氏が、市井《しせい》の人々の声を受けて再び立ち上がる。悲劇とリベンジの物語だ。

とはいえ、後の状況から見れば「推し」度合いはまだまだ控え目だ。2012年12月号(10月26日発売号)では、「安倍のばあや」を自称する金美齢氏が、安倍氏と対談。〈安倍晋三復活宣言!〉と題されているが、この時もまだ雑誌での扱いはいわゆる「左柱」で、サブメインの読み物という位置づけ。メインとなる「右柱」には座っていなかった。

2013年7月号では、〈がんばれ安倍総理!〉というドストレートな特集を組んでいる。中身こそ歴史認識問題や外交問題だが、これらはいわば安倍総理にハッパをかける内容だ。「再び総理になった以上、前回のように挫折せず、保守政権としてやるべきことをやってくれ」との悲痛な思いで、高森明勅《たかもりあきのり》氏は〈靖国参拝こそ総理の義務だ〉とする記事を寄せている。

　この頃の目次を見ると、確かに安倍総理を応援してはいるが、それは「保守として、同じ方向を向いているであろうリーダーに対しての要求」といったもので、「推し」の色は薄い。あくまでも「べき論」を提示するというもので、絶対擁護という感じではない。

　しかし徐々に、「安倍推し」の色は強くなっていく。これには、『ＷｉＬＬ』や『Ｈａｎａｄａ』だけを見ていてもわからない理由がある。

　２０１４年の特定秘密保護法、集団的自衛権行使容認の閣議決定、朝日新聞の「慰安婦報道誤報」問題、２０１５年の平和安全法制（安保法制）議論と成立、戦後70年談話と米議会演説、慰安婦問題日韓合意、２０１６年のトランプの出現、２０１７年からのモリカケ問題……。途中、２０１６年６月号以降は『Ｈａｎａｄａ』に移っての編集となるが、とにかく国内外の政治が目まぐるしく動き、言い方は何だが「ネタには困らない」状況だった。

　その中で、戦後体制を揺るがすようなテーマが続いたことで、既存メディア、特に朝日新聞の「安倍政権批判」はかなり厳しいものになっていった。その批判を受けて、日本共産党の女性党員などは町へ繰り出し、「安倍政権は危険」「アベ政治を許すな」「憲法改悪、アベ壊憲を阻止せよ！」と気勢を上げた。特に集団的自衛権、安全法制に関しては、反対を訴える老若男女が大挙して国会前に押し寄せた。「60年安保を髣髴《ほうふつ》」の声が、左右どちらからも飛んでいた。

ここまで左から強く押されれば、右からもより強く押し返さなければならない。特に正念場だったのは、2014年の集団的自衛権と、2015年の安保法制の議論と、2017年のモリカケ問題だろう。

メディアが過熱した集団的自衛権とモリカケ問題

集団的自衛権は、憲法議論に加えて国際法の理念まで含む、本来は非常に専門的なテーマである。憲法9条改憲や、自衛隊を軍隊組織にするなどの「普通の国」化を求める保守派としては賛成ではあったが、ここで筆者にはまた例の悩みが持ち上がってきたのである。「そもそも本当に、自分は集団的自衛権を理解しているんだろうか」。

反対派の言い分を見ても、なぜ集団的自衛権という国際法上も認められている権利が、日本では「米国の属国化」「アメリカのお先棒担ぎ」「地球の裏側まで戦争に行く羽目になる」という批判になるのか、さっぱりわからなかった。ここで日本の安全保障議論はつまるところ「反米ナショナリズム」に左右されていることに気付いたのは収穫だったが、一方、賛成派の中にも「ためにする賛成」でしかないと思えるものもなくはなかった。

いずれも、「みんな本当に集団的自衛権って何なのか、わかって言っているのか」というのは大きな疑問だったのである。「そもそも、改憲するのが先では?」という思いも払拭しきれなかった。自分自身が納得しきれていないことを、雑誌で読者に提示することに抵抗があったのだ。

その中で手ごたえをつかむことができたのは、2015年9月号に掲載された元陸上幕僚長・冨澤暉《とみさわひかる》氏の〈「集団的自衛権」より「集団安全保障」〉だった。この記事でようやく、国際社会における秩序維持の問題と、いざという時の集団的自衛権、集団安全保障との違い、当時話し合われていた時点で残されていた課題などについて整理することができたのだった。

ためにする反対、賛成ではなく、本質を理解しなければならないこと、賛成の立場から、反対する人にどう呼びかけるべきなのか、などを改めて考えさせられたものだ。

一方、2017年に起きた森友学園《もりとも》問題については、筆者は「もはやこれまで」という状況に陥った。

この件については、書くだけで一冊終わってしまいそうなので簡単に説明したい。問題が勃発したのは2017年2月9日付の朝日新聞の報道からで、瞬く間に大騒動となった。そこからしばらくして、筆者はある人物を介して「渦中の森友学園の籠池泰典《かごいけやすのり》理事長が、話を聞いてくれるメディアを探している」と連絡を受けた。一体何が正解で飛ばし記事なのかがわからない状況下で、当事者の話が聞けるなら願ってもないと、森友学園宛てに手紙を書いた。

しばらくすると理事長夫人の諄子《じゅんこ》氏から編集部に電話があり、「3月10日に記者会見を開くので、それを見に来てほしい。その後、取材を受ける」と告げられた。締め切り前だったこともあり、妙に前のめりな筆者の姿もあってか、渋る編集長を押し切って大阪に飛んだ。

会見場で模様を見ることはできたのだが、そこでは接触できず、実際に理事長夫妻に接触できたのは2日後だった。メディアが自宅前を取り囲む中、5時間半あまり話を聞いた（その取材終了間際に、その後籠池夫妻の「窓口」となる菅野《すがの》完《たもつ》氏が自宅にやってきて、以降、3

時間余り二人を口説くのだが、その一部始終も知ることとなった）。

事実関係より「安倍批判」「安倍擁護」が先行した報道

驚いたのは、自宅前を張っているメディア関係者が「私たちだけがあなた方の本心を報じられる」といったお涙頂戴の手紙をポストに投函《とうかん》したり、次女がスーパーで買い物する姿を激撮すべく尾行・盗撮したりするなどの、メディアスクラムの現実だった。

そもそも、仲介してくださった人物も、かつてメディアスクラムの被害に遭《あ》った経験を持っている。それゆえに、筆者に「籠池夫妻と一緒で右寄りで、話をちゃんと聞いてくれる人が必要だと思う」と考えて連絡をくれたのだった。

そこでの話は省くが、筆者としては籠池夫妻の自衛隊に対する取り組みなどには感謝を覚えるとともに、まるで彼らが殺人でも犯したかのようにメディアに追い回されるのはおかしいのではないかと考えた。いわば報道被害の問題である。

これは本人たちにもそうした要素があるので仕方ない面もあったかもしれないが、絵的に面白いからと切り取り放題、いかにも何かありそうな夫婦として全国に放送することに問題があるのではないか、と考えた。その思いは、実際に現場を目の当たりにしたことでより強まったのである。

朝日新聞は「対安倍政権」の文脈でこの件をとらえており、特に夫人で、森友学園への来園経験のある安倍昭恵《あきえ》氏をターゲットに、名誉校長になったことをもって何らかの口利きやお友達優遇の裏があるかのように報じ続けた。変遷する籠池証言の矛盾も突かないまま、政権追及に使えると見てか都合よく報じていた。しかし、経緯を見ても正直どこで安倍（政権）による優遇が生じる隙間があるのか、わからないままであり、他方、政権擁護派も「昭恵さんはピュアだから籠池夫妻に騙されただけ」などと一方的に決めつけ、事実から乖離《かいり》していった。

2024年には当時渦中にあった昭恵氏が朝日新聞のインタビューを受けているが、記者署名記事の末尾には〈本当に官僚は昭恵氏の発言に忖度しなかったのか。その疑問は、まだ解けないままだ。〉とある。あれだけ大騒ぎしておいて、朝日新聞社はもう森友問題の取材をしていないのだろうか。

しかし当時の議論は沸きに沸き、途中からは籠池夫妻が「安倍さんに100万円もらった」と言い出したことで、彼らと保守側との回線はぷっつりと切れてしまった。以降、籠池夫妻は安倍支持者から批判されることになる。筆者は、5時間半の取材内容を記事にすべきだと編集長に迫ったが、「あんないい加減なことを言い出す人の記事は載せられない」ということで、結局今に至るまでお蔵入りになっている。

さらに2018年3月に財務省の決裁文書改竄《かいざん》問題が発覚してからは、「安倍が悪い」と主張する側も、「安倍は悪くない」と主張する側も、とにかくなりふり構わずといった様相を呈していた。「悪くない」と言っている側で、決裁文書と改竄文書を実際に比較した人がどれくらいいたのかと、正直言って今も疑問に思っている。「改竄のような事例は、いくらでもある」と根拠なしに口にする論者もいた。「いくらでもある」わけがないのに、だ。

この時の報道のあり方は、今でも疑問に思っており、いつか整理したいと考えるが、とにかく「安倍批判」「安倍擁護」がせめぎ合い、もはや事実関係すら軽視され、「におわせる」「言葉尻をあげつらう」「誰かを悪者にする」といったようなことの応酬《おうしゅう》だったのである。

報道が連日続く中、朝日新聞はチームとして取材し、入手した文書を複数の記者が読み込んであれこれと政権批判を繰り出してくる。しかしこちらは受け身でいるしかなく、「他にどんなものが出てくるか」がわからないままそれを打ち返し、結果として政権を擁護しているような状況だった。

その中で、花田編集長は安倍推しではあったものの、「フラットにこの事件について考えるための素材」として筆者が提案した、『Ｈａｎａｄａ』本誌や増刊号で決裁文書の比較や年表などの掲載についてＧＯサインを出してくれたのはせめてもの救いだった。

その後、筆者は２０１８年夏には籠池家の長男である佳茂《よししげ》氏と再び自宅を訪れ、諄子氏からも達筆の手紙が届いた。昭恵氏とも森友事件について話す機会を得ることができたのだが、ここでは置く。

本来、情報を主に収集し精査するのは記者やジャーナリストの仕事ではある。筆者の立場はあくまで編集者であり、自ら裏取りに赴くようなことは極めて稀だ。そのため、こうした事件の事実関係を分析するにも、基本的には寄稿者が書いてきたものを信頼するしかない。しかしあまりに情報が錯綜し、どれが「冷静客観的に事実関係を洗って分析したもの」で、どれが「ためにするもの」なのかが入り乱れた状況下で、筆者はかなりの混乱状態に陥っていた。

新聞の報道姿勢には「倒閣に追い込むぞ」との鼻息の荒さが感じられた。だからと言ってその逆が常に正しいわけではない。誰にも騒動の全貌が見えていない、当事者にすらわからないことがある状況下で、「政権が悪い」「政権は悪くない」と言い合っているが、明らかに埋まっていないピースがある。事実を明らかにするのが先ではないのか。だがもはや、この件は政治闘争になっていた。

ともかくこの時に嫌というほど学んだのは、支持であれ批判であれ、一方向に世論が流れていく時に、その場にとどまって情報を精査し、自分なりの考えを模索することは、本当に大変だということだ。

新聞、テレビ、出版という既存メディアもさることながら、2011年の東日本大震災を機に発信ツールとしてより広く認識されるようになったツイッター（現X）をはじめ、動画やウェブメディアなどのネットの新興メディアを巻き込んでの戦いが幕を開けることにもなった。これが、親安倍・反安倍の対立を激化させ、さらに両陣営の凝固性も高めていくことになる。「少しでも安倍を褒めたら親安倍扱い」「少しでも安倍を批判したら反安倍扱い」という状況が、双方に生まれてきたのである。

そしてこれまで、雑誌を舞台にオピニオンや論考を展開してきた古参の保守派だけでなく、ネットと親和性の高い新進の執筆者が雑誌の中核を担うようになっていく。そしてその従来とは違った情報伝達や価値観形成のあり方が、雑誌にも少なからぬ影響を及ぼすことになっていったのだ。

その影響は、もちろん筆者個人にも降りかかってくる。

結局筆者は、2018年9月の安倍総理の3選直前、体調を崩して入院。「安倍3選」の報は、入院先のベッドで隣の患者が流していたラジオのニュースで知った。そしてそのまま半年間休職し、2019年3月に正式に編集部を去ることになった。

弱いからこそ支えたくなるアイドル性

ここまで安倍氏を「アイドル」と呼んできたが、2010年代以降のアイドルは「舞台の上に立って光り輝く姿を見せることが仕事で、素を見せるべきではない」という一昔前のスターとは違った様相を呈していた。社会現象にもなったAKB48が顕著だが、手の届くところにいるアイドル、会いに行けるアイドル、不完全だけれど、だからこそ応援したくなるアイドルというアイドル像。安倍氏もこれに重なるところがある。

第一次安倍政権退陣時の悲劇もあり、朝日新聞をはじめとするメディアからの総攻撃もあり、安倍氏は「支持者である自分たちが支えなければならない人物」となった。ある面で「弱者」であることが、「私たちが支えなければ」という心情を強くさせ、他ではなかなかお目にかかれない「支持者と政治リーダーの一体化」ともいうべき状況を作り出した。

第一次政権時に朝日新聞をはじめとする左派メディアに引きずり降ろされた「悲劇の宰相」

というナラティブが、より一層、支持層の胸を熱くさせたのである。

また、強さ・弱さの点でも支持者と批判的な人たちとでは見え方が違っていた。結果的に長期政権となり、メディアからは「安倍一強」「強権をふるう」とのイメージで報じられ続けたが、支持者は一面では「ギリギリのところで立っている、（我々が支えなければ倒れてしまうかもしれない）脆弱さを持っている」「左派メディアに追いやられている弱者」と見ていたのである。

この強さと弱さを併せ持っているところが、支持者を熱狂させ、批判者の心をかき乱した要素だった。政策についても同様で、右のイメージで支持者を引き付けつつ、実際には柔軟な選択を行っていた。しかし保守派は時にブレたと批判されてもおかしくない柔軟さは批判せず、左派は歓迎すべきリベラル的と言ってもいい政策を評価することはなかった。このイメージと実態の乖離《かいり》が、支持者であれ批判者であれ、安倍政権の本質をつかみづらくした原因であろう。

2017年5月号の『フォーリン・アフェアーズ・リポート』には、〈トランプから国際秩序を守るには ――リベラルな国際主義と日独の役割〉と題する、プリンストン大学教授のG・ジョン・アイケンベリー氏の記事が掲載されている。ご興味のある方は元論文を読んでいただきたいが、サマリーにはこう書かれている。

〈古代より近代まで、大国が作り上げた秩序が生まれては消えていった。秩序は外部勢力に粉砕されることでその役目を終えるものだ。自死を選ぶことはない。だが、ドナルド・トランプのあらゆる直感は、戦後の国際システムを支えてきた理念と相反するようだ。

国内でもトランプはメディアを攻撃し、憲法と法の支配さえほとんど気に懸《か》けていない。欧米の大衆も、リベラルな国際秩序のことを、豊かでパワフルな特権層のグローバルな活動の場と次第にみなすようになった。

すでに権力ポストにある以上、トランプがそのアジェンダに取り組んでいくにつれて、リベラルな民主主義はさらに衰退していく。リベラルな国際秩序を存続させるには、この秩序をいまも支持する世界の指導者と有権者たちが、その試みを強化する必要があり、その多くは、日本の安倍晋三とドイツのアンゲラ・メルケルという、リベラルな戦後秩序を支持する2人の指導者の肩にかかっている〉

なんと、安倍晋三はリベラルな戦後秩序の守護者だというのである。トランプ大統領とは対照的なポジションに置かれてもいる。

こうした見方は、国内からはほとんど出てこなかったのではないだろうか。支持者は安倍―トランプの蜜月関係を好ましく思い、批判者は蛇蝎のごとく嫌っていた。普段ナショナリズムを否定しがちなリベラルの中にも「アメリカの犬になりやがって！」との批判が見られたほどだ。だがいずれも安倍氏とトランプ氏が同じ側に立っていると認識していた点では変わらない。

いや、「安倍晋三は国際基準ではリベラル」と解説する人もいたにはいたが、国内での「親安倍」「反安倍」の対立は、「保守VSリベラル」の軸で展開されてきたのである。

安倍政権期の対立は、いずれも「安倍＝右派」というイメージからのみ、一方は支持し、一方は批判してきたのではないか。だとすれば、そもそもの出発点から全く間違っていたことになる。

これは安倍政権が掲げた「戦後レジームからの脱却」というキャッチフレーズに象徴される。保守派はこれを憲法改正の実現や自虐史観からの脱却を目指すものと受け取り、リベラル派は戦前回帰、軍国主義化の傾向を強めるものと見なした。だが実際に安倍政権が目指したのは、「第二次世界大戦後、さらには冷戦終結後のリベラル的な国際秩序の中で、それに資するべく日本の役割を変える」という、いわば離れ業だったのである（ここで、YOASOBI「アイドル」の歌詞全体を思い出していただきたい）。

安倍晋三亡き後、「親安倍」も「反安倍」も軸を失った

それから菅政権、岸田政権を経て2024年10月、安倍政権批判の急先鋒だった石破茂氏が総理の座に就任した。安倍支持者にとっては悪夢の始まりであり、「それなら岸田を支持して政権を続かせていた方がよかった！」ということになるかもしれない。

だが安倍支持者だった人たちの多くは岸田政権に批判的だった。それは、この安倍政権のイメージの取り違えが影響している可能性がある。

岸田氏の総裁選不出馬を受けて、岸田政権を総括する記事が各メディアに掲載されているが、外交関係者からは軒並み高い評価を受けている。これは保守派の大勢とは対照的だ。

防衛費の増大、反撃能力保有を明記した戦略3文書の公表、憲法改正にも意欲的。安倍政権も検討してきた反撃能力やスタンド・オフ防衛能力の保有も明文化している。ロシアによるウクライナ侵攻を受けてのウクライナ支援表明は、ウクライナから勲章を受けるほど評価されており、G7各国との足並みもそろっていた。一方でイスラエルとガザ地区（ハマス）の間の紛争については、日本独自の立場を保ってきた。「安倍政権に比べて対中姿勢が弱腰だ」ともいわれるが、安倍政権が検討していた習近平の国賓待遇での来日なども、岸田政権では行われていない。

安倍支持者はLGBT法案の成立を批判するが、安倍政権ですら政権公約に掲げていたLGBT法程度で、岸田政権を見限る合理的な理由がない。安倍支持者は高市早苗《たかいちさなえ》議員を総理総裁に推す声が強かったが、高市議員もLGBT法案には賛成の立場であることを明言している。

一方、石破政権では外交・安全保障における安倍路線の継承が行われるかは未知数。かねて「反安倍路線」を取る石破氏を評価してきた朝日新聞は、総裁選翌日の一面に〈「安倍路線」転換、有言実行を〉との政治部長の論説を掲載している（と言ってもその実は憲法9条第2項削除論やフルスペックの集団的自衛権容認など、とても朝日が賛成できるものではないはずなのだが）。

安倍支持者の「岸田下げ、高市上げからの石破総理誕生」は故事成語でも生まれそうな教訓を含む。

「お花畑」の左派とは違い、現実的な安全保障政策を望むはずの保守派が、こうした政策を評価せず、むしろ岸田政権に批判的、あるいは推すことはなく距離を置いていたのはなぜか。

その一つに、安倍は保守だが、岸田はリベラルとの評価があるのだろう。だが前述の通り、岸田政権は外交における安倍路線は継承しただけでなくむしろ発展させた面もあるうえ、そもそも国際的に見たら「安倍はリベラルの守護者」だったのだから、路線は継承している。安倍氏が提唱した「自由で開かれたインド太平洋（ＦＯＩＰ）」構想も継承し、さらに発展して「自由で開かれた国際秩序」という場面も出てきたが、これはウクライナやガザなどインド太平洋にとどまらない地域で有事が勃発しており、地球全体で秩序を保とうとの発想で、安倍路線を否定するものではない。また岸田総理は「増税メガネ」と揶揄されたが、安倍政権期は2度も増税している。

このあたりの混乱を整理しないままに、安倍氏は突然世を去ってしまったため、置き去りにされた保守派の面々は右往左往するばかりとなってしまったのではないか。

もう一つ、これは雑誌だけにとどまらないが、安倍氏と岸田氏の露出の差が大きくなった理由として、考えられるのは「安倍氏の話が面白すぎる」という点だ。

安倍氏はとにかくエピソードトークがうまい。筆者も取材した際に聞いたが、「誰がいつどこで、誰に何を言った」という具体的な話を再現する能力が高いのだ。メディア人ならずとも、こうしたエピソードトークは魅力であろう。ゆえに雑誌のみならずテレビやウェブメディアから声がかかるし、本人も喜んで登場していた。「え、こんな番組に？」と思うようなところにまで出張っており、驚くべきことに吉本新喜劇にまで出演した。

さらには本人発に限らず、支持者や親交のあるメディア人が、「安倍さんがこう言っていたよ」などと逸話を広めるのである。それはエピソードが面白いからであり、「安倍さんから聞いた」ことを自慢したいからでもある。安倍氏は電話魔で、あらゆる人に直電をかけていたといい、「総理から電話があったんだけど……」と得々と話す人もいたと聞く。

一方、岸田氏にも特に外交の場面での様々な特筆すべきエピソードがあるはずなのだが、漏れ伝わってこないし、自身がテレビや雑誌で披露している場面を見聞きしたことがない。岸田氏の著書『岸田ビジョン』（講談社）には「石原伸晃がシェーカーをふるうドライマティーニの会」などの面白い話が出ていたのだが、総理になってからはあまり出てこないのは残念だった。これはつまるところ発信力の弱さと重なっており、せっかくの功績も、岸田氏の人となりも、国民に十分伝わらなかったのではないか。

安倍と共に去りぬ

安倍氏の逝去は国内外に衝撃を与え、日本にとっても言論界においても大きすぎる損失だったことは間違いない。『安倍晋三 回顧録』（中央公論新社）こそ刊行されたが、長期政権を担った総理にまだまだ聞いておかなければならなかったこと、いずれ明かされるべき事実が山ほどあった。

だが、そうは言っても前を向かなければどうにもならない。「推し」がいなくなってからの『Ｈａｎａｄａ』はどうにも元気がなく、分裂後の『Ｗｉ ＬＬ』に至っては数字狙いの陰謀論にいよいよ堕した感がある。一度陰謀論に手を染めたら、戻ってくるのは難しい。事実関係を調査しなくても、事実が存在しなくても、好き勝手に面白いストーリーを描いてしまえる陰謀論ほど、楽して数字を稼げる材料はないからだ。

どの政権に対してであれ、問題があれば批判すべきだが、功績はしっかりと評価してもらいたい。それは保守系の雑誌が安倍政権期に朝日新聞に対して要求してきたことでもあるからだ。もちろん新聞と雑誌では規模も役割も違う面はあるが、雑誌にとどまらない、ネット上を含む保守派全体のトーンに影響を与えている以上、純粋に部数や役割だけをもって「新聞とは違うので偏っていてもいい」という時期は過ぎつつある。

安倍政権期に味わった夢を忘れて仕切り直さない限り、保守派は「何を見ても難癖をつける」か、「何を見ても支持する」スタンスから抜け出せない、「負の遺産」化するのではないかと危惧している。

実は保守論壇の重鎮で、安倍政権に一部苦言を呈していたある執筆者は、2017年頃、取材中の余談としてボソッとこうつぶやいた。

「安倍さんを褒めることだけに一生懸命になっていると、自分の中で政治の何を評価すべきかの軸を失ってしまう。そういう人は、安倍さんが退陣した後、どうするんだろうね。その後何を言っても、筋が通らないのは目に見えているから、『安倍と共に去りぬ』ってことになるんだろうけれど」

さすが、歴史的視点を持つ重鎮には先が見えていたのだ。

両誌も2024年の総裁選に至ってようやく、「次」を見据えた特集が出てきたが、当然ながら執筆陣も、雑誌としても、読者やSNSのフォロワーを見ても「岩盤」と言えるほど足並みはそろっていない。それも当然で、安倍政権を支持していた層を「岩盤支持層」と呼ぶ（自称する）傾向がみられるが、つまるところ「親安倍」のことであり、その中核が不在となれば少なからず各々の方向性はバラつき、勢力は衰えるからだ。

「親安倍」と同様に「反安倍」ももはやまとまりえない。左右の議論は今後、一体何を議題として深まっていくのだろうか。左右の論のあり方については、次章で見ておきたい。

第4章 ピンからキリまで「右翼雑誌批判」の虚実

右派雑誌はどう見られていたか

出版不況、中でも雑誌の落ち込みが激しい世情において、相応の発行部数を出してきた『WiLL』と『Hanada』。「右傾化」批判や、安倍政権誕生後は政権批判と相まっての右派批判が高まっていくこととなった。

一部の人々は安倍政権支持者を「反知性主義」とも呼んだ。反知性主義とは、古くは宗教的な熱狂で聖書を解釈する立場、時代が下がってからは反エリート的姿勢を指すものだが、ここでは安倍支持者を「知性を毛嫌いする、単なるバカ」と言い換えただけであった。

また、2014年頃から始まった出版関係者による批判は、雑誌や保守系書籍を「レイシズムマガジン」「ヘイト本」と分類するもので、議論は「ヘイト書籍や雑誌を書店に置くことの是非」にまで発展していった。

これについては実際に「ヘイト本批判」を展開していた人たちとのやり取りもあったので、少し振り返ってみたい。

それまでにも、在特会（在日特権を許さない市民の会）のような行動する保守界隈の言動や、ネットの行き過ぎた書き込みに対する「ヘイトクライム」「ヘイトスピーチ」との批判はあり、特に「ヘイトスピーチ」は2013年の流行語大賞にもノミネートされている。

そうした流れを受けて、2014年11月に、出版社の関係者や弁護士が執筆陣に名を連ねる『NOヘイト！ 出版の製造者責任を考える』（ころから）が出版され、こうした動きを取材して記事化する新聞社なども出てくるようになった。

出版後すぐに読んでみたところ、とにかく「タイトルが過激」「このタイトルを見て傷つく人たちがいる」というのがヘイトとみなす理由であった。列挙されているものの中に確かに過激なタイトルがあるのは認めるが、タイトルだけで「製造者責任を取れ」「書店に置くな」と出版物を〝排斥〟できるものなのだろうか。

例えば、渡部昇一氏の〈中国を永久に黙らせる100問100答〉（『WiLL』2006年9月号）。表現は激しいが、中身を見れば、歴史認識問題において中国側の言い分を完膚なきまでに反論して、再反論を許さないということを表現しているのはわかるはずだ。しかし批判する側から見れば、「永久に黙らせるというのはホロコーストを想起させる」ことになるという。さすがにそれはどうなのか。

少し前に『諸君！』には「〈中国・韓国にああ言われたらこう言い返せ〉」と題する特集が組まれていた。「永久に黙らせる」シリーズはそれに近いものであり、言うまでもなく論戦を展開する以外の何物でもなかったのである。

そもそも、筆者には「こんな本を出すなら、話ぐらい聞きに来てくれればいいのに」との思いもあった。彼らからすればヘイト本を製造する人間たちとは話をするのも嫌だろうが、タイトル一つとっても、なぜそういう表現になったのか、どうして中国や韓国に反論しなければならないか、といった「こちら側から見えている風景」くらいは、出版人である以上、知ろうとする姿勢があってもいいのではないか。

実は『ＷｉＬＬ』や『Ｈａｎａｄａ』では、「相手の言い分を聞いてみたい」との思いから、例えば南京事件での「百人斬り」報道をどう思うか、朝日新聞や毎日新聞の記者、計１００人余り（ＯＢ含む）にアンケートを送付し、返信を待つ企画を立てたことがあった。

この時は、朝日新聞のＯＢ２、３人から返事が返ってきた。あまりに少ないため記事化はできなかったが、それでも返事があったことはありがたかった。「向こう側に声が届き、反応が返ってきた」からである。

この、（一見）分断されているかのように見える（思想的に）向こう側にいる人に呼びかけて、応答してもらえるという経験は他にもあった。国際法学者の大沼保昭《おおぬまやすあき》氏はその一人で、２００７年に刊行された『「慰安婦」問題とは何だったのか』（中公新書）を読んだ際に「慰安婦に対する素朴な同情による和解を阻害したのは、メディアであり政治であり活動家だったのか」と感じ、大沼氏に手紙を書いたところ、電話がかかってきたのだ。

「さすがに御誌に登場することはできないが、そちら側にも自分の話を聞いてくれる人がいたことがわかってよかった」というような話をされて、「立場の違う人」の意見を知ること、接点を持てる可能性を見いだす最初のきっかけを与えてもらった。

もちろん常にうまくいくわけではなく、手紙などを出してもナシの礫《つぶて》だったこともある。だが現役の朝日新聞の記者でも、「面白いから会いましょう」と機会を設けてくれた人もいた。

直にやり取りをすることで、わかることもある。そうした経験があったために、「なぜヘイト批判をする人たちは直に話を聞きに来ないのか」「こちらの事情も聞いたうえで、批判すればいいのに」と感じていたのである。

「保守の意見を日本社会は理解してくれない」という意識

実はこの「こちらの事情も知ってほしい」というところが、この問題の肝なのである。

今でこそ状況はがらりと変わったが、まだ90年代からの空気を引きずっていた2000年後半から10年代にかけて、保守派には「自分たちの意見や立場を、日本社会が理解しようとしてくれない」との思いが色濃くあった。

歴史認識問題にしても、戦前の話となればすぐに朝日新聞などのリベラルメディアは、日本否定の立場に立つ。つまり中国・韓国の側に立つ。そして中韓と一緒に、保守派の主張に圧力をかける。それによって、保守派は「押し込まれている」「常に劣勢に立たされている」との思いを抱いていたのだ。

かなりさかのぼるが、1969年に『諸君!』が創刊された当時、保守派の人々は「(自衛隊に対する迫害など)何かおかしいと思っていた」「解せない」状況があったが、「保守というより反左翼で、左翼的偽善をこっぴどく叩く」「左翼伝染病に対する免疫《めんえき》」ともいうべき『諸君!』の誕生によって「ようやく自分たちの思想的受け皿ができた」と感じたという。

しかしそこから40年以上経った2010年代でも、社会にはまだ「反戦前」的な左翼の名残が息づいていた。もちろん戦争には反対であるが、「戦争反対」と言い、日本が軍事的に無力であればアジア地域の安定が保てるというような時期は既に過ぎている。自衛隊は違憲だとする憲法学者がいて、国際貢献であっても自衛隊を海外に出すことはまかりならず、武器も使用させてはならない。ナショナリズムや愛国心などもってのほかだというのである。

2014年3月7日の朝日新聞朝刊一面コラム・天声人語は、安倍政権下で検討されていた道徳教材の内容について、次のように書いている。

〈「日本人としての自覚」「我が国を愛し発展に努める」といった記述に、ふと立ち止まる。食事中に砂粒を噛んだような感じがする〉。

確かに「愛し」というような言葉遣いに違和感を覚えることはあるだろうが、「砂粒を噛んだような感じ」となると相当の不快感で、食事だったら吐き出しているだろう。

同年9月6日、朝日新聞の社説は、国連人種差別撤廃委員会が日本のヘイトスピーチに対する勧告を出した際に、次のように書いている。

〈「誇りある日本国民として恥ずかしい」「日本人としてやめなければならない」という物言いにも違和感を覚える。差別を受け、恐怖を感じている被害者への視点が抜け落ちてはいないか。

安倍首相は国会でヘイトスピーチについて「他国の人々を誹謗《ひぼう》中傷し、まるでわれわれが優れているという認識を持つのは全く間違い」と述べた。「日本人の誇り」の強調は、そのような間違った認識を助長することにつながりかねない〉

こうした状況下では、「歴史の光と影の両方を知る」などと言っていては立ち行かない。

実際にはそうあるべきなのだが、影が強ければ強いほど、光に目を向けさせたい側はより強い表現になるしかない面もあったのだ。朝日新聞側からすれば、右派の安倍政権下で「愛国心」が高まることに危機感を覚えたからこそ、より強く否定せねばという意識が働いたのだろう。しかし一部の人々はそうしてより強く押さえつけられた（と感じた）ことで、余計に愛国心を刺激されることになったというわけだ。

しかも2000年代に入って情報環境も大きく変わり始め、中国・韓国もそれぞれ愛国心を発露する模様が日本にダイレクトに伝わるようになった。その愛国心が「反日」を基礎にしているとなれば、突き付けられた自分たちは何も言い返さなくていいのか、となるのは自然の流れであろう。確かに戦前、両国に被害を及ぼしたことは認めても、だからと言って、一生謝り続けるのか。謝る以外の関係性は持ちえないのか。そうした考えを持つ人が出てくるのも当然だったと考える。

だからこそ、2015年の安倍総理による戦後70年談話で、「孫子の代へ謝罪の宿命を負わせない」と述べたことに対する保守派の心境は、「安堵《あんど》」だったのである。

もちろん、第1章でも指摘したように、今見ればギョッとするようなタイトルは確かにあった。しかし北風と太陽の寓話ではないが、戦前の日本について是々非々の立場を取る太陽政策で臨んでも、相手も同じように「確かに戦前の日本にも言い分はあるでしょう」などと言わないことは火を見るより明らかだったので、やはり北風を吹かせるしかない。

中韓に対してだけでなく、これは国内のリベラルに向けても声を上げていたのだが、「こちらの思いを知ってくれ」「韓国や中国に言われっぱなしで、俺たち日本人の誇りはどうなるんだ」と北風を吹かせれば吹かせるほど、相手側も頑《かたく》なになっていった。しかも北風を吹かせれば吹かせるほど、保守派が本当に言いたかったことから話がずれていったのも確かだった。

歴史認識問題の中でも一、二を争うテーマだったのが南京事件と慰安婦問題だ。南京事件にまつわる「百人斬り」報道では、戦意高揚報道に協力した日本軍の兵士が罪を問われ、戦犯となり処刑されることになった。当時の記事をもとに、今なお中国の「南京大虐殺記念館」には二人の写真が掲示されている。

ご遺族の向井千恵子さんの話を聞いた筆者は、父が自衛官であっただけに他人事とは思えなかった。国のために戦って、良かれと思って戦意高揚記事に協力したら、負けたとたんに処刑されたのである。先の戦争全体の評価を変えてほしいわけではない。しかし部分的にでも、戦後長く無念の思いを背負って生きることになった人たちに寄り添うことはできないのか。

また南京事件は、被害者の数についても議論になっていた。「歴史修正主義」と言われる側も、当初は事件そのものを全否定するつもりは（恐らく）なく、あまりにも中国が多く見積もる犠牲者数や残虐行為について「（中国や朝日新聞が言うような）南京大虐殺は存在しない」と言っていたのである。だが、強く打ち返そうとの意が先に立ち、議論から次第に（）の部分が欠落して行った結果、事件そのものを全否定する人たちも出てきたのであった。

慰安婦問題では、当初は強制連行や連行の規模などが争われており、保守側としては「いくら何でもトラックに乗せて無理やり連れて行ったわけではない」「さすがに20万人は多すぎる」というものだったが、論を展開している間に時代が下り、価値観が変わってきたために慰安婦問題における女性の尊厳の面が強くなっていった。すると、「そもそもそんな施設を設けただけでも反省に値する」というような話に展開していくことになる。

当時の韓国人慰安婦の中には、日本の兵隊と恋をしたとか、買い物を楽しんだ、あるいは「親に家を買ってあげたくて慰安婦に志願した（が、終戦で給料の受け取りがうやむやになった）」といったことを書き残している人たちもいた。しかし「女性の尊厳の問題としてあり得ない」と言われてしまえば、彼女たちの口はふさがれたも同然になる。

この頃の編集後記に、筆者は「望まずに慰安婦になった方は本当に気の毒。しかし貧しさから親のためと慰安婦になった人まで性奴隷扱いでは浮かばれないのでは、その一言が傷をえぐっているのでは」などと書いていた。

こうなってくると、慰安婦問題で少しでも巻き返しを図りたい右派側は、論点をずらしてでも、わずかでも失地を回復せんとすることになる。当時その必要があって女性たちにお願いしたことであるというような姿勢は全く消えて、「たんまり儲けたくせに、まだたかるのか」「慰安婦じゃなくて売春婦だろう」というような、単なる罵倒に発展していく。

歴史認識問題に端を発する韓国批判がエスカレートしていたことは確かで、しかしそれが国内の在日韓国人を傷つけるものになるというところまでは考えが及んでいなかった。「あっちも言っているのだから、こっちも言い返すまでである」という国別対抗戦の様相こそが、当時の認識上の構図だった。

この「傷ついた人がいる」問題は厄介で、それを言ったら日本にも歴史認識問題や靖国問題で中韓から差し込まれて「傷ついた人がいる」。もちろん戦争で被った被害とは比べ物にならない。しかし、『W・iLL』編集部に「一体いつまで、朝日新聞や中国・韓国は私たちの祖父を悪者にすれば気が済むのか」と泣かんばかりに電話をかけてきた読者もいたのである。「悪いことをした側のくせに、被害者ぶるんじゃない」と叱っても、この人たちの心を解かすことはできないだろう。歴史修正を警戒する側は、「少しでも認めれば一気に評価をひっくり返され、日本が再び軍国主義に向かう」と考えただろう。その警戒感もわからないではないが、一方でこちらの「気持ち」を落ち着かせて初めて、相手の被害にも向き合える面もあるのではないか、とも思った。

そして、「被害を受けた」という自覚は、相手に対する反撃を苛烈《かれつ》なものにもしうる。この「被害を受けた」「だからやり返す」の応酬で、社会の分断が広がっているのは現在のSNSでは可視化されていることだろうが、ネット文脈も巻き込みながら、こうした意識が双方に増幅していったのである。

「ヘイト本批判陣営」との対話

そこで、話は「ヘイト本」批判に戻る。話をすればわかってもらえると思うほど甘くは考えていなかったが、こうした保守派の考えを知らなければ、タイトルの字面だけ見て「ヘイト本!」と叫んでもあまり意味はないのではないかとの思いもあった。

そこで、『NOヘイト!』本を出版した「ころから社」にメールを出し、「一度くらいはこちらの話を聞いてもらえないか」と呼びかけた。すると返事があり、とりあえず一度顔を合わせることになったのである。

その時どのような話になったか、詳細は覚えていないが、途中から同席した花田編集長は、ころから社の他の出版物の中に自身に響くものがあったとかで、かなり友好的な姿勢で話をしていた記憶がある。筆者も「なぜそういうタイトルや記事を出すことになるのか」について、なんやかんやと説明した。そのうえで、最終的には「ヘイト本批判陣営と、右派雑誌陣営が直接対決」とのイベントを実施することで話は一致した。

そして実際に、2015年2月9日に、新宿のロフトプラスワンで「WiLL VS NOヘイト！」というイベントが開催されることになった。筆者としては「こういう対話の場を作り、重ねていくことで、『右派がなぜこういう論を展開しているか』を知ってもらい、『左派が譲れないライン』を探るような話をしていく、そのきっかけになるかもしれない」と、ある意味では期待したのであった。

当日はNHK他、複数のメディア関係者も観覧に訪れた。すでにネットの影響で、分断と呼ばれるものがじわじわと深まってきている時期だった。それだけに、メディア関係者もこの試みに関心を持ったのだろう。「分断が進むのか、対話もあり得るのか」を見極めようという姿勢だった。

ところが、イベントは散々なものに終わった。相手は「右派の考え」など聞くつもりはさらさらなく、用意してきたスライドに『WiLL』のタイトルを列挙し、一方的に罵倒《ばとう》するのみだったのである。

当時の模様は『NOヘイト！』本の続編にあたる『さらば、ヘイト本！』（ころから社）に収録されているが、これは書き手のリテラ編集部の方が「かなりうまく」まとめているため、相手サイドがあたかも花田編集長を冷静に詰めたかのように書かれている。だが実際には、最終的には決裂というか一方的な罵倒を受けて終わることになった。

ヘイト批判側が「中身が村上春樹の小説であっても、タイトルがこれなら書店には置けない」「タイトルが悪い、中身はどうでもいい」と叫び、花田編集長も「編集者ともあろうものが、中身はどうでもいいなんて言うようじゃ、話にならないね」と言って終わるという始末だった（あまりの衝撃でその部分しか覚えていない）。

「普段、相容れないもの同士が一堂に会して意見をぶつけ合う」「それによって、何かが始まるかもしれない」と期待してやってきたメディア関係者たちも「これじゃダメですね」「全く使えないです」とぼやいて、呆《あき》れて帰って行ったほどだった。

特にＮＨＫの記者はこのイベントの前にも社にやってきたことがあり、「なぜ歴史認識問題では、同じ歴史を語っているのにこうも表現や事実が違ってしまうのか」について、花田編集長に取材し、ニュースのミニコーナーで扱ったこともあった。それだけに、このイベントも「もしかしたら、番組で扱うかもしれないので」というくらいには注目してくれていたのである。

だが、期待は脆《もろ》くも崩れ去った。

イベントの帰り道、花田編集長にラーメンをおごってもらいながら「こんなことになってすみませんでした」と謝った時のあの気まずさは、10年近く経った今思い出しても、やはり相当に気まずい。

右にも変わるべきところがある

この件はとにかく衝撃だったが、そこでまた引きこもって（つまり対話の場に出ていかずに）左翼への敵愾心《てきがいしん》だけを燃やして、「単なる反左翼野郎」「逆張り野郎」として仕上がっても何も意味がないどころか、有害である。あんなことをされては誰も対話の場には出ていかないだろうが、めげている場合でもなかった。

というのも、筆者としては対話のみならず「右にも変わるべき部分がある」「足りない部分がある」と思っていたからで、たった一度の失敗で、対話の選択肢を捨て去る理由はなかった（大変だったのは矢面《やおもて》に立たされた花田編集長だが）。

人のふり見て我がふり直せ、とはよく言ったものだが、かねて批判してきた〝左翼〟の言動に、一部の保守・右派陣営の言動が似てきたように思えたためだ。左右以前に、異論を認めない狭量さや、相手を舌鋒鋭く批判するが身内には甘い、相手を検証するのと同じ物差しで身内を精査しない、といったアンフェアさに対する拒否感もあった。「それじゃ左翼と一緒じゃん」といった感情を抱くことも増えていたのである。

その意味で、2014年に朝日新聞がかつての慰安婦報道を撤回したことはかなり大きな出来事であった。当然、『WiLL』でも取り上げ（2014年10月号〈朝日新聞「従軍慰安婦」大誤報〉、11月号〈「世紀の大虚報」朝日新聞はケジメをつけよ！〉）、2号の間には増刊号〈歴史の偽造！ 朝日新聞と「従軍慰安婦」〉も刊行された。

安倍政権下の2015年末には岸田外相と韓国の尹炳世《ユンビョンセ》外相の間で日韓合意が成立。いわば、慰安婦問題は政府間では一旦「撃ち方やめ」となった格好だ。

この日韓合意が成立した際、元朝日新聞主筆の若宮啓文《わかみやよしぶみ》氏の講演を聞く機会があった。

日韓合意の内容は、いわゆる河野談話（1993年）やそれを受けて設立されたアジア女性基金が目指していたものと実はそれほど大きくは変わらないものだった。朝日新聞は日韓合意に肯定的だったが、アジア女性基金には猛反対していた。「政府が自ら土下座しない謝罪は受け入れられない」というもので、こうした朝日新聞の姿勢は韓国側にも伝わり、こぶしをおろすことができなくなったという解説も目にしていた。

そこで若宮氏に、「なぜ朝日は日韓合意には賛意を示すのに、アジア女性基金については否定的だったのか。あの時、賛成していれば慰安婦問題も日韓間の揉め事も、あの時点で終わっていたのでは？」と聞いた。

すると、若宮氏はこういう主旨のことを答えた。

「当時、朝日新聞の、特に社会部には活動家のような記者たちがたくさんいて、頑な態度を曲げなかった。自分は朝日内部の保守派として戦ったが、その時は勝てなかった」

若宮氏はすでに鬼籍に入られているが、朝日新聞批判の急先鋒である『WiLL』の現役編集者に、クローズドながらも講演会という場で、こうも率直にお話しいただいた姿勢には敬意を表したい。

若宮氏は2013年に出版した『新聞記者』（ちくまプリマー新書）で、朝日新聞の慰安婦報道を「勇み足」と書いてもいたが、その意図するところが少し見えた気がした。

しかし、これでは日韓の揉め事を作り出したのは、「韓国以上に日本政府を歴史問題で許さない朝日新聞だった」ということになってしまう。いや、実際そうだったのだ。これは先の大沼保昭氏の書籍の内容とも通じる。

朝日新聞のみならず、戦後のリベラルメディアは「反戦前（戦争責任、戦後責任、平和主義）」を金科玉条に掲げ、憲法9条とともにそのスタンスから、日本の安全保障上の備えにしても、国民のナショナリズムも、徹底的に批判してきた。

それに対し、保守は「反左翼」とばかりに、カウンターパンチを繰り出してきた。しかし、その応酬が、結果的に過激な論調や表現を生むことにもなり、それが国際社会に喧伝されて、「日本の右派は排外主義者」などと認定されてしまう。国際社会に喧伝しているのはリベラルメディアとして、保守派はまたこれを批判する。この応酬がぐるぐると繰り返されていくのである。

しかし慰安婦問題にしても、右派が過激に反論すればするほど、一部からは「女性の尊厳を傷つける輩」とみなされていたのも事実。

海外の慰安婦像や碑をめぐる裁判では、現地在住の保守派の有志が元慰安婦の女性を嘘つき呼ばわりする事件まで起きてしまった。やむにやまれぬ思いからではあろう。この方には何度かお会いしたことがあるが、根っからの差別主義者ではない。「傷つけられているのは自分（たち日本人）である」「外国の地で孤立無援、メディアも政府も自分たちの思いを汲んでくれない」との思いが、相手への攻撃として出てしまった典型例であった。

こうした事態を前に、筆者は「この手の応酬が繰り返されたところで、日本は全くよくならないのでは（むしろ世界からの評判を下げているのでは）」との思いも強まってきたのである。

つまり、「反戦前」の左翼に対する「反左翼」を繰り出すだけの保守（右翼）という構図では、お互いに何かに向かってカウンターパンチを打っているだけで、何らの議論も深まらず、状況もよくなっていないのではないかという思いである。雑誌は売れている。安倍政権は長期的なものになりつつある。しかし、編集部に入って10年も経ってくると、「結局逆張りなだけなのでは」との思いにも駆られるようになるのである。

いや、リベラルメディアが継続して「でかくて強い、喧嘩を売り続けられる相手」であるなら「反左翼（反リベラル）」にも意味はあるだろう。しかし、朝日新聞は慰安婦報道を撤回し、部数の減少も伝えられるところとなっていた。ネットでの情報発信量も増え、「朝日新聞批判をするだけで、保守として戦っている姿勢を示せる」というようなジャンルでもなくなっていった。

安倍政権を応援する保守が「反体制」を自認する理由

ほんまものの左翼・反体制の方には理解できないかもしれないが、当時の（そしてともすれば今も）保守派の世界観というのは「メディアやアカデミズムを念頭に置いた反体制・反権力」なのである。誰もがテレビを見て新聞を読み、リベラル的な偏向報道に騙されている中で、わずかにそのおかしさに気付き始めたのが保守、という自画像が、今もって消えていない。若い世代では変化があるかもしれないが、老年層では自画像の更新は難しい。

実際、保守系雑誌も部数を減らしている中、同じく減っているといっても毎日数百万部を発行する朝日新聞はまだまだ影響力が大きいと見ることもできなくはない。

だが、第二次政権に限っても7年8か月にわたり、安倍政権を叩き続けたところで、朝日新聞は政権を瓦解させることはできなかった。

そして保守にとっては「自陣営」である安倍政権が（結果的にではあるが）憲政史上最長内閣になった以上、もはや保守は名実ともに「体制側」にあったはずなのだ。それを理解したうえで、今度は「こちら側が批判される側になる」ことを理解し、姿勢を取らなければならない。

当時はまだ安倍政権も2年目だったが、2014年当時、既に筆者はそうした思いに駆られていた。その思いを書籍に掲載してくれた人がいる。経済思想家の倉本圭造《くらもとけいぞう》さんの『「アメリカの時代」の終焉に生まれ変わる日本』（幻冬舎ルネッサンス新書）で、「目次を見ればギョッとするほど極右なレベルの雑誌の編集者」から、こんなメールが来たと引用されているのだ。

当時倉本氏は、「右傾化批判」について「あまりに日本を悪く言いすぎた反動として、いまの嫌韓化が起きてきているのではないか」、とリベラルの立場から解説する記事を書いていた。これは、まさに先に述べた「右傾化、ヘイト批判をする人にも聞いておいてほしい右側の事情」そのもので、倉本氏の記事を愛読していた筆者は、身元を明かしたうえでメールを出していたのだ。

そのメールにはこんなことを書いている。

〈「あまりに日本を悪く言いすぎた反動」としての今の「嫌韓化」というご指摘にうなずきつつ、一方で朝日が「過去の誤報」を認めた今、このまま突っ込んでいくとこれからの「保

守」は今の「リベラル」の辿《たど》ったような道を歩むことになるのでは？　と危機感さえ持っています〉

〈「過去の日本の神格化」によって問題点はすべてなかったことになってしまうという「日本悪玉論」の単なる裏返しになりかねないという危機感です〉

これは前章の安倍政権に対する親VS反の応酬ともつながるところだが、「全部だめ！　絶対悪！」と言われてしまうと、対抗する側も「全部いい！　絶対善！」と言うしか道がなくなってしまうのである。実際、この時の懸念は結局払拭《ふっしょく》できないまま現実のものになってしまった感がある。

対話によって、こうした事情を解きほぐしていくことで、「リベラルが叩きすぎれば保守から反発が出てくるし、保守が全肯定、みたいな姿勢で来ればリベラルはより警戒感を増して排除しようとする」というような状況から抜け出さなければならない、と考えていたのだ。だが、間に合わなかった。

こうした「全肯定か、全否定か」の構図はより強化されつつあるが、この構図に落とし込まれてしまうと、何も話が進まなくなる。「左翼（右翼）の論理による踏み込みを一歩でも許せば、全てが瓦解する」と言わんばかりの蟻の一穴論が、議論も、問題の解決も遠のかせることになるためだ。

沖縄米軍基地をめぐる問題などはその最たるものだろう。様々な論点はあっても「基地の必要性を理解して受け入れてほしい」右側と、「騒音問題や米兵による暴行事件の出所である迷惑施設をなくしてほしい」左側の争いの部分は「迷惑施設でない形にできるだけ近づけていく」ことで緩和できる。だがそうした話はどちらも好まない。もちろん全員ではないが、右側は生活上の問題には冷淡であり、左側は原因を取り除いてしまうと反基地運動を展開する材料が一つ減ると考える向きもあると聞く。双方のボタンの掛け違いで、現状の米軍基地が温存されることになるのだ。しかも分断が深まれば、中国や北朝鮮など対外勢力の影響力工作も効きやすくなる。

あえて右側に厳しく言えば、右側が沖縄そのものを蔑視する傾向にはかねて閉口している。某コメンテーターがネット番組で日本国民（自民党支持者）を「劣等民族」と呼んだことに批判が集まったが、沖縄県民を似たような言葉で評してきた右の論者もいたのではないか。

そもそも沖縄のことを何も知らないうちに「沖縄の反基地運動側の言い分は間違っている」とカウンター言論だけが先に耳に入ってしまうのも考えものだ。佐道明広『戦後日本の防衛と政治』（吉川弘文館）に「米軍基地反対運動は対米従属に対する反発だった」とあるが、「反基地運動が反日左翼どころかナショナリズムの発露」であるならば、右左が議論を始めるためのとっかかりがそこにはあるはずだ。

などと考えているうちに2024年も暮れようとしている。

安倍政権の瓦解からも4年経ち、朝日新聞の世帯当たり購読部数が0・5を切る中で、日本の論壇はどうなるのか。『WiLL』や『Hanada』の雑誌の特集名にある「新聞・テレビが報じない、本当の……」というフレーズの耐用年数は、あと何年残っているのか。「論敵を叩くだけではなく、対話すべき」との論調は、主に洋書で見かけるようになってきた。「対話が大事」「相手の陣地に飛び込んで、相手の論理を知るべき」「リベラル側にも問題がある」というような話は、2017年のトランプ政権誕生と、2021年の米議会襲撃を受けてのものだろう。日本はそこまでの惨状にはなっていないが、対話の気運が高まっているとも言いがたいものがある。

だが、危機感を持つ人は少なくないのかもしれない。毎日新聞（デジタル版）に掲載された小泉悠氏のインタビューには意を強くした。

〈右の人にも左の人にも相手側がそう主張するに至った思考の筋道を理解してほしいと願

っています。互いに、相手側へ今よりももっと丁寧に語ってほしいのです。右の感情も左の論理も、根っこを探っていけば、案外近いところにある気がします。元々は「あの戦争」の記憶を巡り両立していた思いが枝分かれしたような面もあるのですから。〉

（2024年9月15日、聞き手は鈴木英生記者）

右翼団体のトップからの抗議も

先に、「失敗した対話」の事例をご紹介したが、実は『WiLL』時代には、今では驚くような雑誌への反論が掲載されたり、対話が実現したこともある。

「反論」で特に紹介したいのが、2008年11月号に掲載された〈右翼だって竹島に突撃したい〉。なかなか穏やかでないタイトルだ。

論者は、大日本神民塾という右翼団体の塾長、五十嵐博臣氏。この前号に掲載された「右翼よ、竹島に突撃せよ」という記事に、編集部のコメントとして「右翼の誰かが竹島にでも行って撃たれでもすれば、国際的にも問題にせざるを得ない」との一文があった。

これに対し、「抗議したい」と、五十嵐氏から電話が入ったのだ。最初は特攻服でやってきた五十嵐氏だったが、こちらが話を聞く姿勢であることがわかると、「出直して来ます」

と言って、次はスーツとネクタイ姿で現れた。

花田編集長は全く右翼ではないのだが、五十嵐氏本人の主張と反論としての正当性、改めてネクタイを締めて編集部にやってきた姿勢を買った。原稿は聞き書きで、同席して話をまとめたのは筆者だった。

五十嵐氏の主張は「右翼が何もやっていないと思われたくない」という主旨で、「自分たちは竹島に行く覚悟はできている」という反論と、「外務省にも渡航を申し入れているが許可が出ない」という実情をお話しいただき、掲載したものだ。

こうしてタイトルや内容を並べるだけでも、今にしてみればなかなか過激な感じを受けるが、実際の記事は非常にまっとうなもので、「政府や外務省がきちんとやってくれないからこそ、自分たちが活動せざるを得ない」「自分たちが活動をしてもメディアには報じられない」「妨害活動を受けても、『右翼団体が市民団体と衝突』などと書かれる」とするものだった。五十嵐氏が語る姿には、「手法は違っても、日本を思う気持ちに違いなし」と共感を覚えたものであった。

ただし、同じ保守派だからと言って、心が通じることばかりではない。ある保守系（を標榜する）団体からは、会社前での街宣による批判、約束なしでの突撃訪問、社のあるビル前での街宣活動を受けたこともあった。この時の抗議内容は某団体のトップの評判を虚偽の情報によって損ねたというものだったが、その言い分に理があるとは思えず、姿勢もなかなか乱暴だったので、社で話を聞いたうえでお引き取りいただいた。

相手は団体でやってきたため、そのうちのいかにもいかつい風情の一人に「あなた、本当に記事をちゃんと読んだんですか」と突っかかった筆者だったが、あとからこの人物は公安の関係者だったことがわかった。大変申し訳ないことをしたものだ。

言うまでもないことだが、右翼だ、保守だといっても見解、手法、生き様を含めて様々な人がいて、一様に語ることはできない。雑誌分裂後のことになるが、『ＷｉＬＬ』編集部は右翼団体の襲撃を受け、窓ガラスを割られペンキなどをまき散らされる被害を受けたこともあった。それは右だけでなく左翼やリベラルも同じだろう。

ただこの当時の保守や右側は、今以上に「この日本で、日本を思う自分たちがなぜか少数派であり、なんならちょっと邪険《じゃけん》に思われている」という自己認識を持っていた点では共通していたように思う。

先の五十嵐氏が記事の中で〈日の丸を持っているだけで「これは何だ」と警察に呼び止められたこともあります。「何だ」って、自分の国の国旗ですよ〉と述べているが、この当時、日の丸を掲げるだけでも批判されかねない空気が確かにあった。筆者も編集部に入ってすぐの頃、携帯電話を旭日旗デザインにしていたが、議員会館に入館する際に守衛に止められたことがある。

2024年の今からすると、隔世の感があるのではないだろうか。現在は、さすがに日の丸を持っているだけで、危険視される状況ではなくなっている。

だからと言って「きちんとした意味での愛国心やナショナリズムが育ったか」というとそうではないだろうし、おそらく五十嵐氏のような右翼団体の方々も、昨今のネット内の右派のありようには愕然としているのではないだろうか。筆者が言っても説得力がないかもしれないが、道理ナシ、筋ナシで暴言を吐くのは、愛国などとは全く違うものだからだ。

皇室と原発をめぐる執筆陣同士での論争

論争と言えば執筆陣同士の論争も何度か起きている。中でも筆者が立ち会ったのは、渡部昇一氏と小林よしのり氏の2度の論争で、双方の担当編集としてこの論争を掲載しなければならない事態に直面した。

1度目は、皇室論争である。渡部氏は男系維持を主張し、小林氏は女系容認を主張していた。2010年7月号で渡部氏が小林氏に「公開質問」を突き付け、8月号で回答。10月号、11月号で再び渡部氏が「公開質問状」を掲載している。小林氏の回答は漫画によるもので、皇室問題を超えて、世代や個人的価値観も影響する男女のあり方にまで及ぶ問題になっていった（さらにはやはり筆者が編集担当だったチャンネル桜の水島総《みずしまさとる》氏も小林批判に加わり、針の筵《むしろ》状態であった）。

2度目は2011年3月の福島原発事故以降の原発（放射能）問題だが、この時のいろいろが発端となり、（論者同士ではなく）編集部と小林氏サイドの信頼感が失われたことで、それまで小林氏が『WiLL』で連載していた「本家ゴーマニズム宣言」は打ち切りとなった。

渡部氏、小林氏の論争にはそれぞれに相応の言い分があった。かつては『愛国対論（PHP）』という対談本を出し、細かいところで見解や立場が違っても互いを尊重し合って議論を重ねていたお二人だったが、この時は真正面からの激突になった。

ただし論者としてのお二人は言論人としての立場を外れることなく（かなりギリギリの物言いもあったにはあったが）、互いに正々堂々、論をぶつけ合っていた。渡部氏も小林氏も、担当編集である筆者に対して「お前はどちらに付くんだ」と踏み絵を迫ったり、「相手は次に何を書こうとしているのか、探れ」とスパイのようなことを強いたり、さらには「あいつを出すなら俺は雑誌に出ない」などと駆け引きしたり、相手の言論を潰すようなことはしなかった。

皇室問題での論争を展開中の2011年3月号の表紙には、小林氏の〈女性宮家を創設せよ〉と、渡部氏の〈小林よしのり氏への弔鐘〉が論争ものとくくられて仲良く隣り合って並んでいる。これを許すお二人はすごいが、並べてしまう花田編集長も剛腕と言える。しかし、お二人はそれで怒ったりはしなかった。互いに不快なことはあったと思うが、そこはあくまでも言論の戦いを貫いており、編集者に対しても非常にフェアな姿勢を保っていたのは印象的であった。

現在は論争ともなればSNS上に飛び火し（というよりむしろ争い自体がSNSや動画で発生する）、双方のフォロワーやファンが相手に悪罵を投げつけるなどの現象（ファンネル現象と呼ぶ人もいる）が起きるだろう。

だが当時はまだ、双方があくまでも月に1回、交互に見解や反論を雑誌に掲載し、読者はそれを読んで判断し、一部の人は編集部に自分の意見や感想を寄せるという、極めて健全な「論争」が展開されていたのである。

元朝日新聞編集委員との対話も

意外に思われるかもしれないが、特に『WiLL』時代には「え、こんな人も」という人物も対談などに登場している。

先にも述べた通り、朝日新聞が慰安婦報道の誤報を認めたのは2014年だが、その翌年の2015年には、保守派の重鎮・櫻井よしこ氏と元朝日新聞編集委員の山田厚史《やまだあつし》氏が2号続けて対談している。しかもテーマはまさに「朝日新聞捏造問題」で、慰安婦記事を書いた植村隆氏についての議論から始まっている。1号目は山田氏が先輩記者として指導したことがあるという立場や、朝日新聞内部の記事掲載までの仕組みなどを話しつつ、「朝日が意図的に慰安婦報道を煽ってきた」という櫻井氏の見立てに食い下がっている。

2号目は原発をめぐる「吉田調書」報道で、かなり熱のこもったやり取りが展開されている。いずれの言い分もフェアに取り上げており、櫻井氏のホームだからと言って、山田氏の言い分を和らげるなどのやり方はしていない。まさに「議論」と「対話」が成り立っているという記事だ。

ネット右翼（ネトウヨ）や、行動する保守を名乗っていた在特会を批判している安田浩一《やすだこういち》氏は、保守派の批評家である西村幸祐《にしむらこうゆう》氏と対談している（2013年2月号）。全く立場の違う二人だが、「ネットが左右の言論にどのような影響を及ぼし、結果何が起きているか」「在特会のような言い分は警戒すべき」という点で一致しているのは、今改めて読んでも興味深いものがある。

お互いに一論客として対峙し、言いたいことを言い、反論すべきところはして、同感するところはその旨、述べている。今もし、互いに立場の違う（どころか敵としか見えない）相手と対談して、何らかの論点で一致した場合、素直にそれを表に出せるだろうか。

原発事故では是々非々の議論で読者に寄り添う

2011年3月の東日本大震災後には、〈原発事故、ここまでわかった 廃炉か継続か 原発大闘論！〉（7月号）と題して、澤田《さわだ》哲生《てつお》氏、高木直行《たかぎなおゆき》氏、飯田哲也《いいだてつなり》氏、吉岡斉《よしおかひとし》氏が、原発の賛否をめぐって座談会を行っている。さらに1年後の2012年7月号でも、小出裕章《こいでひろあき》氏と澤田哲生氏という脱原発派と原発推進派が対談。「原発のあるべき将来がどんなものか、編集部員も読者もわからない。だから原発推進と脱原発、どちらの話も聞いてみたい」というのが当時の率直な企画意図だっただろう（もちろん「話題になる」という観点もある）。

この企画は当時の時点でも画期的だったが、今日の原発をめぐる議論を考えると、貴重であると同時に今では考えられない組み合わせと言えるかもしれない。

原発事故前まで、『W·iLL』には使用済み核燃料のプルサーマルに関する記事など、原発・電力会社関連の記事広告が毎号掲載されていた。また、一部には知られているように東日本大震災発災時、花田編集長は東京電力が企画した中国視察ツアーに参加していた。

その後、朝日新聞などリベラルメディアによるあまりの反原発・反放射能キャンペーンの逆を行く形で、原発推進、放射能被害を過剰に書き立てるものに対するカウンター記事が増えることにはなったが、事故直後はスポンサーの意向よりも読者の関心を優先する形で、立場の異なる学者の対談・座談会が掲載されていたのである。

意見の異なるもの同士の対話は難しくなる一方

これらの対談・座談会記事から10年前後経った現在地であるところの2024年の言論状況は、あまりに殺伐として左右や立場の違う人同士の議論や対話を失わせていると言った方が正しいのかもしれない。

当時はまだ、『W·iLL』側はゲリラ部隊と称していたように、左派・リベラルに挑む小部隊という自己認識を持っていた。挑まれる側にしても、「またはねっ返りが出てきたな」

くらいのもので、右派からの批判を鷹揚《おうよう》に受け止める（無視できる）余裕があった。

また、挑まれる側の左派・リベラルは、朝日新聞にしてもまだ当時は「右派からの批判に応じられる余裕があった」。安田氏の場合はあくまでも一論客として西村氏に対峙しているが、議論はお互いにきちんと言いたいことを言い、反論があればし、同感のところは同感だと述べている。「同感するところは同感だと述べ」ても、大丈夫な状況があったのだ。

今はどうだろうか。左派・リベラルの論客や書き手が、相手陣営であるところの『ＷｉＬＬ』や『Ｈａｎａｄａ』に登場したとなった場合、それが反論や議論であったとして、ＳＮＳの同じ陣営の人たちから叩かれたり批判されたりする可能性はある。「もっとはっきり批判しろ」「レイシスト相手に『同感』なんて、わずかでも許されない」という意見が出てくるのではないか。

実際、２０１８年9月号の『Ｈａｎａｄａ』に江《え》川《がわ》紹子《しょうこ》氏がオウム事件の記事を寄せた際にはＳＮＳ上で江川氏本人に「あんな雑誌に書くなんて」といった批判がリベラルサイドから寄せられている。

それは雑誌の性質が変わった（以前にもまして、左派から見て許容できない存在になった）からだと理由づける人もいるかもしれないし、一方で左派・リベラル陣営の「存在感や影響力に対する自己認識が小さくなりすぎた」ことも影響している面があるかもしれない。前述のとおり「反朝日新聞」的論調だけで保守派が論を立てられる状況ではなくなったのは確かだが、だからと言って朝日新聞が無力であるわけではない。

同様に、リベラル的な意見が弱体化したわけでもないし、右派にすっかり追いやられて痛めつけられているわけでもないのだが、自分が受ける「被害」や「圧力」には誰しも敏感なものだ。要するに、SNSの浸透や、安倍政権期を経て社会の分断が広まり、相手陣営の言い分や姿勢、存在に対する許容度が低くなっていることが影響しているのではないだろうか。

それどころか、2024年現在では「保守とリベラル、違う立場のもの同士が意見を交わせる」状況にないだけではなく、「もともとは保守で同じ側だったもの同士が、わずかな見解の相違で（SNS上で）殴り合っている」ケースまで散見される始末である。

敵と見なした陣営に対して厳しい姿勢を取ることが、自らの思想の純度の高さを示すかのような状況は、左右どちらにも生じている。

SNSではなく、雑誌だからこそ陣営間の対話ができた

この間、右も左も互いの発する言葉や態度に怒り、傷つき、互いを憎んできたわけだが、それはやはり雑誌や書籍で知るような相手の意見でなく、リアルタイムに流れ出る感情的なSNSの言葉に過剰に反応しすぎているために、議論どころか対話すらも成り立たない状況になっているのだろう。

ともすれば本人たち以上に、そのフォロワーたちが熾烈《しれつ》な争いを繰り広げるため、多くのフォロワーを抱える相手に苦言を呈せば、そのフォロワーが数となって襲い掛かってくる。一度戦いに発展すれば、本人が退くわけにはいかない状況に至る。

さらにはSNSや動画のインプレッションや再生回数などのウェブ上の数字が金銭収入の多寡《たか》に直結するため、煽れば煽るほど収入増になるというおぞましき現状さえある。

先に紹介した各対談の場合、立場の違う二人の組み合わせながらも、お互いに「議論」の枠を逸脱しないように留意していることも、議論が成り立っている理由だった。相手を言い負かし、揚げ足を取り、捨て台詞を吐いて勝利宣言をするような「ネット的仕草」は当然ながら一切見られない。

顔を合わせた形で行われ、雑誌に掲載された対談だから当然だと思われるかもしれない

が、「第三者が見て判断する」点では本来はＳＮＳでも雑誌でも同じはずだ。ただ意識としては、やはり「判定員である第三者もリアルタイムで加勢し、有効な加勢を得られた方がオーディエンスに勝利宣言しやすい」というようなＳＮＳでの議論は、やはり雑誌などで展開されるものとは本質的に違うのかもしれない。

いずれにしても、こうした対談が行われていたという記録が、雑誌に掲載されたことで後世に残ることには意味があるだろう。当時の『ＷｉＬＬ』の読者は、こうした対談を楽しんで読んでいたのである。必ずしも、保守・右派の論客が、相手を打ち負かすような内容ではなくてもだ。だからと言って相手論客に対し「あんな奴を雑誌に出すな」という意見は、少なくともこれらの対談に関しては来ていないか、来ていたとしてもごくわずかだったろう。

では、分断と断絶が問題視される現在の風潮の中で、対話をどのように実現していけばいいのか。この点については「おわりに」でさらに私見を述べたい。

第5章 読者との壮大な井戸端会議

ここまで雑誌の中身について扱ってきたが、ここでは読者について考えてみたい。月刊『ＷｉＬＬ』や月刊『Ｈａｎａｄａ』の読者、というとどういう人を想像されるだろうか。男性の高齢者、ネトウヨなどがコアな読者層というのが大半のイメージだろう。それは必ずしも間違ってはいないが、その割合は一般に思われているほど高くはない。

ある本には、「書店で『ＷｉＬＬ』を買う女性客を見たことがない」と述べる書店員のコメントが（翻って「高齢男性しか買っていない」と印象付ける意味で）掲載されていたが、一書店で「見たことがない」ことは、女性読者が存在しないことを意味しない。

少なくとも雑誌が始まってから10年ほど、つまり花田編集長時代の『ＷｉＬＬ』に関しては、女性読者の割合が3割から4割、と言われていた。『ＷｉＬＬ』の媒体資料にもそのように記載されており、当時の関係者によれば書店での調査を基にした数値だったという。オピニオン系の月刊誌購読者の男女比率は明確にはわからないが、女性購読率は思ったより高いのではないか。

読者の中には「夫が定期購読者で家にあるので、自分も読んでいる」という女性もいたが、「そもそも花田編集長の雑誌には女性読者が多い」のも理由の一つだった。どこかの時点で花田編集長の作る雑誌のファンになった読者が、編集長が赴《おもむ》く先々の雑誌へついていていくという、まるで劉備《りゅうび》と荊州《けいしゅう》の民のような事態が起きており、中でも女性の割合が多かったという。

聞けば『週刊文春』時代も女性読者が多かったと聞くし、朝日新聞社所属時代に『uno!』という女性誌の編集長をつとめてもいたので、『WiLL』や『Hanada』にも、右寄り一辺倒に見える編集方針の中に、実は女性読者の感性と合う部分があったのだろう。一時期は副編集長を女性（瀬尾友子氏・現在は産経新聞出版編集長）がつとめてもいた。世界の半分は女性なのだから、女性読者を最初から無視・拒絶して雑誌を作る必要はない。それは週刊誌でもそうなら、オピニオン誌や論壇誌でも変わらない。

女性読者から多数の投書が届いた皇室問題

最も「女性読者」の存在が可視化されたのは、『WiLL』のいわゆる「雅子妃《まさこひ》問題」特集だった。きっかけは『WiLL』2008年5月号に掲載された保守の重鎮、西尾幹二氏の〈皇太子さまに敢えて御忠言申し上げます〉だ。

当時、皇太子妃である雅子妃は適応障害を発症され、様々な儀式や皇室行事を控えられていた。皇室に入られてこれまでとは生活が一変するだけでなく、お世継ぎとしての男子誕生を待望する国民からの期待がプレッシャーとなり、思うような皇室外交にも取り組めないことが影響してか、雅子妃は03年から長期の療養に入られていた。04年には皇太子殿下が会見で「雅子のキャリアや人格を否定するような動きがあった」とご発言され、大きな波紋を呼んだ。

それから4年余り経っての西尾氏の論文は、「雅子妃の休養は療養にしても長すぎる」とし、「皇太子殿下は皇室としてのありようを守ることよりも、マイホームとしての家族を守ることを優先している」「そうした姿勢は、いずれ天皇になられる皇太子としていかがなものだろうか」と問いかけるものであった。

皇太子殿下の姿勢を問うものではあったのだが、その核心は雅子妃殿下の体調不良によるところにあったため、「雅子妃問題」と呼ばれることになったわけである。

これが、女性読者の心に火をつけることになった。投書だけにとどまらず、女性読者からの電話がひっきりなしにかかってきたうえ、当時存在していた「編集部ブログ」へのコメント欄への書き込みも多数寄せられた。

美智子《みちこ》上皇后が皇太子妃だった時代から、皇室に関する話題は週刊誌などでも取り上げられてはいた（まさに花田編集長時代の『週刊文春』も扱っていた）。それはゴシップと国家の象徴としての皇室を思う国民の気持ちがないまぜになって、大きな話題を呼ぶものではあったのだが、取り上げるのはやはり週刊誌や女性週刊誌が中心。

その中で、いわゆるオピニオン的な月刊誌が、しかも皇位継承問題など難易度の高いものとは違う「皇室ネタ」を大々的に扱い、しかも保守の重鎮が手掛けたことで、読者に「私のたぎる思いはゴシップ的なものではなく、あくまでも『公』に通じるものである」「皇室の将来を憂えているのだ」との思いを強くさせたのだ。

そうした読者の思いを受け、早くも2008年6月号、7月号で読者から寄せられたコメントや手紙を誌面に多数掲載している。題して〈雅子妃問題　読者はこう考える〉〈「雅子妃問題」・「西尾論文」読者はこう考える〉。投稿者はいずれも匿名やペンネームになっているが、性別・年齢はわかる場合だけ記載されており、それを見ると40代から60代、それも女性の方が割合としても多い。これは掲載するご意見を選別する際にあえて女性のものを取り上げたのではなく、実際に女性からの投稿・書き込みが多かったためにこうなったものだ。

ここでその一部を引用するのは率直に言ってはばかられるので、ご興味のある方は国立国会図書館や大宅壮一文庫のサービスで取り寄せていただきたいが、基本的には西尾論文に同調し、「皇室の伝統をなんだと思っているのか！」と義憤をあらわにするものが大半を占める。

ちなみに、記事化されなかった女性読者たちの言及で印象的だったのは、「私だって、嫁いだ後は嫁ぎ先の文化を受け入れて我慢してやってきた」「跡継ぎになる男子を産めというプレッシャーは私にだってあった」といったものだった。

ゴシップと皇室を思う大義のはざまに位置するこの問題は、さらに「嫁ぎ先で苦労した私たち」という我が身との体験を通じて、多くの女性読者たちの興味関心を掻き立てることになったのだ。

2024年現在の皇室・皇族批判は、週刊誌が燃料を投下、それを受けてネットが燃え上がるというサイクルを繰り返し、荒唐無稽《こうとうむけい》な陰謀論まで巻き込んでおぞましい状況を呈している。さらには真面目に専門家が語るほかなかった皇室問題も、こうしたネタの一つになりつつある。男系男子旧皇族復帰論や、愛子天皇論などがそれだが、男系・双系（女系容認、直系継承）派の争いは、もはや南北朝の再来の様相を呈している。

「雅子妃問題」の提起から15年以上が経過し、皇太子が天皇陛下に、雅子妃が雅子皇后となった現在、両陛下に対してどのような思いを抱いているのだろうかと聞いてみたくなる思いがする。もしかすると、眞子《まこ》様のご成婚問題や悠仁《ひさひと》親王の進学問題などで、秋篠《あきしののみや》宮家をバッシングする側に回っているかもしれない。

平成末期の「天皇抜きのナショナリズム」

現在の『Ｈａｎａｄａ』はこの論争に積極的にはかかわっていないため少しだけ触れておくが、天皇陛下ののち、秋篠宮皇嗣《こうし》殿下から悠仁親王へ皇位が継承されることを当然視している男系派はもっぱら「女性宮家論争」「女系天皇論争」での防戦に勤しんでおり、悠仁親王バッシングへの反論にはあまり関心がないようだ。

一方女系容認派は将来の女系（女性）天皇の可能性ではなく、天皇陛下から即、愛子内親王への皇位継承を主張して、悠仁親王バッシングに事実上、加担する格好となっている。こうしたありようには閉口するほかないが、「皇室ネタ」のパンドラの箱を開けた責任の一端は、当時編集部にいた筆者にも全くないとは言えない。

とはいえ、平成末期の保守派のテーマの中で、天皇という存在は実はそれほど大きなウエイトを占めてはいないのが実際のところではないかと思う。平成から令和にかけて譲位が行われた際には賛否の議論があり、また女性宮家問題、皇室問題については間欠泉のように一時盛り上がりはするし、「左翼が皇室解体をもくろんでいる」的な言及のされ方、男系死守か女系容認かが〝保守〟であるか否かの踏み絵となりつつあるものの、どうも「天皇抜きのナショナリズム」になりつつある気配さえする。例外的なのは、東日本大震災時に「天皇の存在」がクローズアップされた時で、沖縄やサイパンなどの戦地慰霊と同様に、被災者を癒し、天地を鎮める祈りの象徴の面が強まっている。

『WiLL』創刊間もない頃によく登場していたノンフィクション作家の上坂冬子《かみさかふゆこ》氏は、自分たちの世代と昭和天皇の紐帯《ちゅうたい》についてよく語っていた。「一緒に戦争を潜《くぐ》り抜けてきたもの同士の結びつきがあり、それは平成の世になってからの国民との関係とは違う」と語っていた。一方、平成の世になってからは、むしろ「護憲」「戦争への反省」の姿勢を示す天皇（現上皇）を評価するのはもっぱらリベラルの側になり、「ネオ皇道派」というあだ名までつけられていた。令和における天皇・皇室と国民のあり方について一大論文をものす保守系執筆者の登場が待たれる。

読者との双方向性

話を戻すと、〈読者はこう考える〉は『WiLL』や『Hanada』ではいわば恒例のスタイルでもあった。雅子妃問題に限らず、田母神論文問題、朝日新聞「慰安婦報道」誤報問題など、大きなトピックの際に掲載されてきた。あえて「ご意見をお寄せください」と告知したケースもあれば、通常の読者投稿として一つの特集に対する声が多かったことを受け、「こんなにも読者にも言いたいことがあるなら、メイン記事の一つにしてしまおう」という流れで組まれたこともあったように思う。

雑誌を読んだ感想となれば、少し前ならブログ、現在ではSNSに書き込む人がほとんどであり、「どこにどんな読者がいて、どんな感想を抱いたか」が可視化されているが、2000年代当時の、50代以上の読者はまだまだ「投書」が多く、しかも手書きのものすらあった。

投書の場合、編集部は読者がどのような感想を持ったかを知ることができるのだが、投稿欄に掲載されない限り、読者は他の読者がどう考えているかを知ることはできない。逆に言えば、つまりこの〈読者はこう考える〉は、「他の読者は、記事を読んでどんなことを考えたのか」を知る手段の一つでもあったのである。

双方向、一億総メディア時代とさえ言われる現在では若干、想像がつきにくくなっているが、「他の人、それも一般の人は実際のところ、どう思っているのか」を知るには、世論調査や街の声を拾ったりしなければならない時期が少し前まであった。

その中で、読者投稿欄や〈読者はこう考える〉記事は、読者同士がお互いの考えを把握する貴重な場にもなっていたのである。

意図したわけではないが、結果的には読者間の結束を高めることにもなった。「この記事を読んで、意を強くしたのは自分だけではない」と思えるからだ。ＳＮＳで言うところのクラスタやエコーチェンバー、フィルターバブルとは似て非なるものだとは思うのだが、しかし効果としては「我が意を得て、その意を強くする」効果は確かにあるのだろう。

その効果をよりくだけた表現で言い換えれば、編集部在籍時代の筆者の気持ちとしては「読者との壮大な井戸端会議をしている」というようなものだ。もちろん、お互いに異論もあれば「これはさすがにちょっと」と思うものもある。実際そういう投書も来たし、なんなら編集部員であっても掲載されている記事に対してそう思うことも、当然なくはない。

編集サイドとしては、雑誌を発行する行為そのものが読者に対して「こんな面白い話があったんだけど、どう思いますか?」と読者に投げかけるものであり、読者の側も面白ければその旨を執筆者や編集サイドに伝えたくなるものだろう。受け取った編集サイドは、読者に教えられたり気付かされたりしながら、また次の号を作っていく。そして「読者の声」を読んで、その他の読者も様々に考えをめぐらせたことだろう。
そしてその役割は、毎号常設されている「読者投稿欄（〈読者から〉欄）」もまた果たしていたのである。

常連投稿者を『世界』で発見

どんな雑誌にも共通することだろうが、『WiLL』や『Hanada』にも「常連投稿者」が存在する。ラジオで言うところの「ハガキ職人」にも近い存在だが、常連投稿者は文章が達者なだけでなく、取り上げるテーマや着眼点も、実に「うまいところ」を突いて投稿してくるものである。

メイン記事を取り上げ、その内容を評価しながら自分のオピニオンを添えるといった〝王道スタイル〟の投稿者もいれば、あえてサブ記事や連載を取り上げることで掲載を狙う投稿者もいる。

筆者も読者投稿欄を10年ほど担当していたが、掲載する投稿の選別だけでなく、並べる順序にも気を使っていた。基本的に、王道スタイルのものは読者欄でもトップに配置し、読者自身のオピニオンやサブ記事を経て、連載や読み物系の感想で締める。決まりや指示があったわけではないが、そのような並びが「なんとなくいい感じ」を醸していたのだ。

投稿数が絶対的に少ないものの、若い年齢の投稿者のものはなるべく採用、また超の付く高齢者からの投稿もできるだけ採用した。高齢にもなれば雑誌を読むだけでも大変なのに、わざわざ（文字通り）筆を執ってくださるのだから、こちらとしても報いたい。「生きる励み、雑誌を読む励み」になるからだ。

先に女性読者の存在に触れたが、もちろん女性の常連投稿者も存在した。女性執筆者が少ないことから、同じ女性の活躍は喜ばしいようで、女性が書いた記事や、女性論客が登場するインタビューなどに対する好意的な投稿が多かった。また、人物記事やエッセイなど、読み物系（「やわらかい記事」とも）を取り上げる傾向も見られた。

ただし、中には同一人物が男性名と女性名を使い分けているらしきケースもあった。また、何年経っても年齢が変わらない投稿者もいた。差出人の住所が同じ、手書きの場合は筆跡も同じなので担当者には同一人物であることはバレているわけだが、これはおそらく掲載率を上げるための投稿者の作戦だったのだろう。

多くの人は「『ＷiＬＬ』や『Ｈａｎａｄａ』を読んでいる人は、他に雑誌を読んでいるとしても『文藝春秋』『正論』や『Ｖｏiｃｅ』あたり」と一定のイメージを持っていると思う。しかし、驚くべきことに『Ｗｉｌｌ』や『Ｈａｎａｄａ』の読者投稿欄の常連」を『世界』や『Newsweek日本版』の読者投稿欄で見かけることもある。『Ｗｉｌｌ』や『Ｈａｎａｄａ』と『世界』の編集部員同士はもしかすると互いの雑誌には見向きもしていないかもしれないが、実は読者（投稿者）は「越境」しているのである。

投稿が掲載されることを目的としているとはいえ、論旨もアプローチも全く対極にあるような記事を読み込み、編集部が採用するような文章を書かねばならないのだから、ことはそう簡単ではない。ＳＮＳで分断が進むとされるこの社会において、「読者投稿」を切り口に党派性を超えている読者の存在は貴重と言えるだろう。

10年ほど読者投稿欄を担当していたこともあって、常連投稿者の名前は今も何名か思い浮かぶ。そして彼ら・彼女らの名前を『Ｗｉｌｌ』や『Ｈａｎａｄａ』はもちろんそれ以外の雑誌の読者投稿欄で見かけると、今も懐かしい思いが蘇る。と同時に、必ずしも投稿者ではなかった、名前もわからない読者の方々に対して、「今頃、どうしているだろう」「まだ雑誌を読んでいるのか」と思いを馳《は》せることも少なくない。

編集後記にも連絡が

先にも少し触れたが、誰もが世界に向けて発信できるネットやSNSが一般化する直前だった2000年代に雑誌編集部にいたことで、まさにメディアの過渡期を経験することにもなった。当時はまだ編集部に手紙を送るか、電話をして感想を伝えるという人も多かったためだ。

雑誌の記事に対する感想が主なのは当然だが、『WiLL』と『Hanada』の場合は編集部員と編集長がおのおのつづる巻末の編集後記に対する感想をお知らせくださるケースも少なくなかった。

筆者の場合、「一人暮らしを始めて盆栽《ぼんさい》を育てているが、枝が伸びすぎてどうにもならない」と編集後記に書いたところ、手紙や電話で「盆栽の手入れ法」についてご教示くださった方もいる。

あるいは「実家で飼っていた猫が死んだ」と書いた際には、「うちの猫も高齢で……」「うちにも2年前に亡くなった猫がいました」と、猫好きの読者からお悔やみの手紙が届いたものだ。若気の至りで「私の誕生日は8月1日、八紘一宇《はっこういちう》と覚えてください」と編集後記に書いた際には、「誕生日プレゼントです」と言ってものすごく分厚い自著を送ってくださった読者もいた。

このように、両誌ではネットを介さないやり取りが多く、読者と編集部の距離が近かったのである。

距離が近いといえば、雑誌に編集部直通電話の番号が掲載されているのも、最近では珍しいかもしれない。これまた記事の感想（時には抗議や苦言も）が多い一方で、「八紘一宇言及」に年配の読者から「久しぶりに『八紘一宇』という言葉を目にして懐かしく思った。これからも頑張ってください！」とお電話をいただいたこともあった。

投稿者だけでなく、電話の常連さんも何人かいた。その中に、筆者を指名してくる「右翼団体のメンバー」を名乗る読者（？）もいた。いつも背後で謎のアジア音楽が流れており、最初は「オラぁ、○×を取り上げないと、会社まで行くぞ」「てめえら右翼なめんじゃねーぞ」などと脅してくるのだが、そこはこちらも右寄りなので「話せばわかる」の精神である。

30分ほど何やらお話しすると、最終的に先方は「あ、どうもありがとうございました。またお電話します」と言って電話を切り、それからは数か月に一度、「右翼のもんだけど、右翼のお姉さん、いる？」と電話がかかってくるようになった。

最初こそ荒っぽい口調だったが、話がわかる相手と思ったのか（?）、腰は低く丁寧な姿勢となるため、「こんな平身低頭な人が、実際に右翼団体の構成員として街頭で活動しているんだろうか」と疑問に思うほどだった。

読者との距離の近さは、筆者自身がもともと『ＷｉＬＬ』の読者から編集部に入ったという経緯もあって、特に強く印象を持っているところでもある。

毎月、発売日を楽しみにしてくれる読者の皆さん。編集後記にまで電話や手紙をくださる方々。周年記念で講演会をやった際に、声をかけてくださった方々。特に筆者が女性であることで、女性読者の方から「女性が頑張っているなんて嬉しい」とお声がけいただくことも少なくなかった。

ＳＮＳ時代になり、本来であればより直接的に読者とのやり取りができるようになったはずだが、手紙や電話という「手触り」のあるやり取りとは、やはりどこか違っているようにも思う。また、２０１０年代半ばまでは「メディアをはじめ、リベラルがまだまだ強い社会で保守の立場を共有している（数少ない）仲間」という同志的意識があった。

編集部にいて何より切なかったのは「購読していた本人が亡くなったので、契約を解除したい」と家族から連絡が入ることだったが、創刊当初、お読みいただいていた読者のどのくらいの方々が鬼籍に入られただろう、最後の最後まで、雑誌を面白くお読みいただいたのだろうかとふと思うことが今でもある。

「安倍一辺倒はおかしい」の指摘

そうした読者とのやり取りの中で、筆者にとって最も印象的だったものをご紹介したい。『W・iLL』時代、それも安倍政権期と重なる時期のことで、筆者自身が「安倍応援」一色になりつつある雑誌の論調に悩んでいた時に、読者の方から痛切な手紙をいただいて涙をこぼしたという経験である。その手紙には、だいたい次のようなことが書かれていた。

「『W・iLL』さんはタブーなく、本当のことを教えてくれる雑誌だと思っていた。保守の立場から、しっかりとした意見を提供してくれる雑誌だと思うから購読してきた。それなのに、今の安倍支持一辺倒には失望した。残念だが購読をやめようと思う」

この一文は本当に「効いた」。自分は読者の代弁者であると同時に、読者出身の編集者である自分は、誰よりも読者の気持ちがわかる立場のはずだという自負もあった。企画を立てる際には「自分の内なる読者」との対話や、実際にやり取りの生じた読者の感想が大きなヒントになっていたのである。

「安倍政権に飽き足らず、もっと保守の政治をやってほしい」と思っている読者がいるであろうことは、我が身を思っても想像の付くことであった。そして実際に、同じ思いを抱く読者がいて、今まさに雑誌から離れようとしているのである。たった一人と言えば一人かもしれないが、読者一人をつなぎとめられなかったことに大きな失望感を覚えた。

おそらくこの読者の方は筆者と同様に、「ようやく自分に合う雑誌が刊行された」との思いで読み始めてくださったはずだ。だが、うちの雑誌を離れてしまうとなれば、今後は一体、どの雑誌を読むのだろうか。また別の意味でしっくりこない雑誌をあれこれとつまみ読みする「流浪の民」になるのだろうか。

自分の思いに近いオピニオンが掲載されている雑誌には、独特の思い入れを抱くものである。それがなくなってしまったら、「どれもこれも自分の疑問や思いに応えていない」ということになってしまう。

いや、そんな風に雑誌を読んでいない人ももちろんいる。ましてやネット上を探せば、自分の意見に合うものはいくらでも見つかるようになった。

現在の筆者も、いろいろな月刊誌を読んではいるが、それはあくまでも情報を得るためであり、どんなことが書かれているか、どんな執筆者が登場するか、という動向把握の面が強い。「自分の思いを代弁してくれる雑誌だから読む」というものではなくなっている。

しかし当時の筆者は、「読者出身で編集部に入ったからには、読者の思いを企画で実現する」、これこそが自分の役割であるとの思いを強く持っていた。もっと言うと、「自分がおかしいと思うことは、読者の何割かも同じようにおかしいと思うはずだ」と考えていた。もちろん、自分と意見の違う読者もいるわけだが、感覚的に「日本全国の読者、仮に5万人のうち、1万人くらいは自分と同じ考えの人、同じ疑問を持つ人がいるだろう」という発想でいたのである。

2012年末から安倍政権が始まり、安倍支持の論調で雑誌が売れている以上、筆者と同じ思い、つまり「保守だからこそ、安倍政権を厳しく見る目も必要だ」と考えていた読者の割合は少数派ではあったに違いないが、「それでも5000人くらいはいるだろう」と根拠のない数字を思い描きつつ、編集にあたる日々だった。

それもこれも、「読者のため」、もっと言えば「読者時代の自分を裏切らないように」との思いだったのだ。ただし、それが売れるとは限らないのが現実というものでもある。

右派雑誌読者への偏見

読者に対する思いがあるだけに、「『ＷｉＬＬ』や『Ｈａｎａｄａ』なんかを作っている奴」といった批判や蔑視は甘んじて受け止める一方、「『ＷｉＬＬ』や『Ｈａｎａｄａ』なんかを読んでいる奴」といった読者に対する嘲《あざけ》りの視線には、今なお、反感を覚えてしまう。

例えばある論者は、『ＷｉＬＬ』や『Ｈａｎａｄａ』の読者の一部、中でもネットユーザーで「ネトウヨ」と呼ばれるような層の人たちが、「見出しや執筆者に反応してアイテム的に雑誌を買っているだけで、中身は読んでいない」と解説している。編集部員ですら「雑誌を買った後の読者の行動」を知ることは容易ではないのに、どうやって「中身を読まずに買って満足している」ことを把握したのかは不明だが、ここには「どうせあいつらは読んでいない。活字などまともに読めないのだ」という読者に対する嘲りが見え隠れしている。

これは古巣を離れた身としても聞き捨てならない。

確かに動画隆盛の現在にあっては、動画で見かけてファンになった論客をタレントに見立て、ファンアイテムを購入するように書籍や雑誌を買うという購買行動も少なくないのかもしれない。そもそもネットユーザーは長い文章を読めなくなっているというし、もとより高齢者層の多い読者ゆえ、目が悪くなり動画などに流れてしまった人もいるだろう。中には、陰謀論動画にたどり着いてしまった人もいるに違いない。

しかしそうした割合がいかほどのものか、調査したデータは寡聞《かぶん》にして知らないし、本文中にももちろん示されていない。単なるこじつけに過ぎないのではないか。

「右派に対しては何を言ってもいい」「検証されないし、反論されても右派の印象論、難癖と片付けることができる」という姿勢すら見え隠れする。実際、右派や保守も自らを批判するような記事や、そうした記事を載せるリベラル系の雑誌や新聞を読まない人が多いのには違いないだろうが、こうした「批判の一方通行」は社会の対話不足にも通じるもので、かなり問題である。この記事のように一方の側で語られていることが、実際には事実とかけ離れていることもあるし、当事者からの反論がないことで独り歩きすることもあるからだ。

我が身を振り返れば、ある意味では「朝日新聞の読者は反日、極左であり日本解体論者である」などと決めつけてきたことのしっぺ返しとも言えなくはないが、いずれにしても執筆者や編集姿勢、論文の問題を指摘するのでなく、読者層を下げて見せるやり方には疑問を禁じ得ない。

あまり思い出したくない分裂騒動

それほど筆者にとって読者は大事な存在なのだが、それだけに2016年の雑誌分裂騒動は本当に心苦しかった。社内のいざこざは正直、今となってはもはや忘却の彼方というか、どうでもいい話なのだが（実際にはもちろん忘れてはいないが）、とにかく読者に申し訳ないという思いが第一だった。

当時の会社から『WiLL』編集部が編集長以下、DTPスタッフまで含む全員が飛鳥新社に移り、新雑誌を創刊するに至った経緯は、読者にとっては青天の霹靂《へきれき》だったであろう。翌月には似たような表紙で花田編集長が発行する『Hanada』が刊行されたのだから、読者からすれば（執筆陣もそうだが……）何が何やらわからない出来事だったと思うが、渦中にいたこちらもはっきり言って何が何やらわからない状況であった。

細かい経緯については花田編集長自身がウェブ上に文書を残しているのでそちらを見ていただきたいが、結果から言えば「『WiLL』という流行りのラーメン屋から、店長以下、店員が全員、経営者によって店を追い出され、暖簾《のれん》は元の店に残したまま、新しく別の店で、『Hanada』という暖簾で元と同じ味のラーメンを出している」というようなものだ。

分裂の内情は惨憺《さんたん》たるものであったとはいえ、核にあったのはとにかく「私たちの作っている雑誌を面白いと読んでくれている人たちに、来月も雑誌を届けたい」という、ただそれだけの話である。実際この頃、筆者としては編集部に居続けることの限界を感じていたのだが（理由は先の通り、保守ゆえの苦悩）、ねじを巻き直して古い看板との対決に向き合わざるを得なくなった。そこから2年と少しの期間しか編集部にはいられなかったが、移籍当時は苦悩も一瞬忘れて、新雑誌の創刊に邁進した。読者の方々が待っているのは暖簾ではなく「あの味」のはずだ、と。

分裂騒動から日の浅い2016年9月、筆者が「本屋とデモクラシー」という出版系のイベントに出た際に「どうしてそこまでして雑誌を続けるのか」と会場から質問が出たが、「読者のためです。毎月楽しみに待ってくれる読者に申し訳ないからです」と答えたのは全くの本心だった。

花田編集長は62歳で『WiLL』という新雑誌を創刊し、さらに70歳を超えてまた『Hanada』という新雑誌を創刊することになったわけだが、分裂騒動から8年が経過した2024年現在、雑誌全体の発行部数が急落し、休刊が相次ぐ中で、両誌とも生き延びていることを考えると、これは出版界の驚異と言ってもいいだろう。

論調以前に情報の正しさを

現在、雑誌や保守業界と言われる場所の外部にいるからこそ、切実に思うのは「読者であることが、思想面ではなく情報の確かさや精度を図るという角度から恥ずかしいとされるような雑誌や論調にはならないでほしい」ということである。

右派だから悪い、間違っている、危険だと言われているうちはまだいい。「情報の真偽の確認すらできていない」「誤報を出したのに謝罪も撤回もしない」「そもそも取材すらしていない」というような指摘がまっとうだった場合、その指摘は思想や意見の差で出るものではなく、情報に対する姿勢に対して向けられているものだからである。

言ってしまえば、読者が右派であること、保守的な思想を持っていることは何ら恥じることはないが、「偽情報やフェイクを信じている」となれば反省しなければならないし、雑誌であれ執筆者であれ、こうした傾向に対しては注意を促すべきだからだ。

事実確認、情報に対する姿勢は昨今の情報戦・偽情報の文脈からだけでなく、編集サイドが、読者に対して果たすべき最低限の責任だろう。

この最低限の仕事が果たされていなければ、「読めば間違いだとわかるような記事にカネを払っている奴は、そもそも読んでいないか、事実を確認する能力・リテラシーがない奴である」と言わせるスキを与えてしまうのである。

ビル・コバッチ、トム・ローゼンスティール著、澤康臣訳『ジャーナリストの条件』（新潮社）には、ジャーナリストのみならず編集者が守るべき「事実確認の掟」が紹介されている。

例えば執筆者が書いてきた「複数の関係者が証言した」という一文に「複数とは何人ですか」「関係者とはどの範囲の人を指しますか」などと、突っ込みを入れるのが編集者の役割だと本書は説いている。情報を届ける責任は、ジャーナリストだけでなく編集者にもあるのだ。扱っているのがジャーナリズムやノンフィクションでも、オピニオンであっても、これは共通する。

保守は長らく朝日新聞の誤報や偏向報道に厳しい姿勢を取ってきた。だが、同じ厳しさを自陣営にも向ける必要があり、その責任を果たせているかについては、常に自問自答を繰り返す必要がある。もちろん新聞と雑誌の役割の違いはある。だができるだけ同じ物差しで測らなければ、いとも簡単にダブルスタンダードの谷に墜ちることになる。

筆者が十分にそれを果たせていたか（現在果たせているか）と言われれば甚《はなは》だ心もとないのが現実だが、そうあろうとする姿勢は常に持っておかなければならないだろう。

それは何もジャーナリズムとか職業倫理などという高尚な言葉に置き換える必要などなく、単純に「自分のところの読者に嘘や間違い、曲解を吹き込んで認知をゆがませて平気でいられるか」という一点に尽きる。

特にオピニオンで言えば志を同じくする読者が、偽情報戦争の手先になってしまう事態は避けたい（読者だけでなく論者自身の闇落ちも散見される昨今であるが）。

第2章でも述べたことの繰り返しになるが、読者は信頼する雑誌や書籍に書かれていることを読んで、かなりの割合の人が事実だと考え、他者に話す。そこで間違いがわかれば、読者は恥をかくことになる。もちろん半信半疑で（つまり自分なりのリテラシーを持って）読む読者もいるが、全員がそうとは限らないのだ。

読者欄や電話、SNSのやり取りだけが読者とのコミュニケーションなのではなく、発信する記事、商品そのものが、読者との媒体を介したコミュニケーションを含むはずだ。

つまりは、巨大な井戸端会議をともに楽しむ、読者と編集サイドのよい関係が保たれているか否かに尽きる。

第6章

『Ｈａｎａｄａ』編集長が考えていること

花田紀凱氏インタビュー　聞き手　梶原麻衣子

今年で創刊20年

——2024年11月で、花田さんが『WiLL』を創刊してから20年になります。そこで、改めて創刊の経緯からお話いただければと。

花田 もう20年？ 早いなあ。

創刊したのは、ワックの鈴木隆一社長との関係です。ぼくが文藝春秋で『週刊文春』や月刊『文藝春秋』のデスクをしている時に、立花隆チームとか、田原総一朗チーム、佐野眞一チームといったチームを作って取材していたのだけれど、フリーの記者だった鈴木さんもチームの一員でした。鈴木さんは映像も好きだったから、その後ワックという映像と出版の会社を立ち上げることになって、頼まれてぼくも少しだけど出資してたんです。

鈴木さんは経営の才があったんでしょう。スポンサーを見つけるのが得意だったから、ワックが軌道に乗って、「そろそろ雑誌を出そうか」となったときに声をかけられて。ぼくはその当時、角川書店から宣伝会議に移って、『編集会議』という雑誌の編集長をしていた。雑誌自体は、自分も好きな編集の世界の話だから面白かったんだけど、会社の体制に辟易《へきえき》していたところだったので、ワックに移籍して『ＷｉＬＬ』を創刊しました。僕が編集担当で、鈴木さんが営業担当。その時、ぼくと鈴木さんが目指していたのは、『文藝春秋』みたいな雑誌。右とか左とかは考えていなかったんですよね。ぼくが考えた雑誌のキャッチフレーズも「大人の常識」でした。

――ワック自体は、もともと渡部昇一さんや黄文雄さんなど保守系の書き手の書籍を出していたんですよね。

花田　鈴木さんはそういう方向だからね。でもぼくは『文藝春秋』みたいな雑誌を作ろうということしか頭になかった。文春の最右翼は『諸君！』だろうけど、ぼくは『諸君！』をやったことがないし、月刊誌と言えば『文藝春秋』しか経験がないからね。出す以上は、「一度くらいは瞬間風速で『文藝春秋』の部数を抜きたいね」と二人で言っていたんだけれど、実際、まあいい線までは行ってたんですよ。

――伊藤昌亮『ネット右派の歴史社会学』（青弓社）に『ＷｉＬＬ』の創刊経緯について書かれているんですが、どうも実際と違う気がするんです。この本にはこうあります。

〈そもそも『諸君！』の出版元でもあった文藝春秋にその創刊以前から身を置き、さらに『マルコポーロ』の「右旋回」を指揮するなど、既成保守論壇から新保守論壇へと渡り歩きながら保守論壇の最前線を切り開いてきた花田の豊富な経験と、そこで培われた人脈の上に生み出されたのが『ＷｉＬＬ』だった〉

〈「オトナのマンスリーマガジン」と銘打たれた『ＷｉＬＬ』は花田のこうした経験と人脈を背景に、より成熟した、同時により確信的に吹っ切れた「オトナ目線」の路線を推し進めていったといえるだろう〉

花田　その本は読んでいないけれど、保守論壇の最前線なんて切り開いてないだろ（笑）。ぼくが文藝春秋を辞めた後に行ったのは朝日新聞であり、角川書店、宣伝会議ですよ。〈『マルコポーロ』の「右旋回」〉なんて書いているけど、初めて聞いた（笑）。

だいたい、全然、本質をとらえてないじゃない。確かに文藝春秋という会社で育ったから左ではないだろうし、ぼく自身も学生時代から、学生運動とかサークルみたいに、自分の頭で考えもせずに何か集団でやったりすることが好きではなかったから、どちらかと言えば右かもしれないけれど。

人脈にしても、別に保守人脈だけを培ってきたんじゃなくて、幅広い人たちと付き合いがあったからね。芸能界から作家、政治家までいろんな人と知り合って、人間関係は大事にしてきた。それこそ右も左もなくて、『WiLL』でも岡留安則さんや高橋春男さんにも連載をお願いしていた。今も爆笑問題が連載しているでしょう。保守の人たちとももちろん知り合いだけれど、それはかなり広い人脈のうちの一部でしかないんだよ。

――朝日新聞社では『uno!』という女性誌を創刊しました。花田さんの中では、自分の雑誌作りにおいて『WiLL』も『uno!』もあんまり変わらないですか。

花田　そりゃ、女性向けの雑誌を作らないといけないから、発想は変えますよ。女性向けの雑誌って、当時はスキャンダルやゴシップものばかりだったんです。もちろん、女性誌の「7大テーマ（結婚、占い、ダイエット、セックス、コスメ、ファッション、旅）」は抑えなければならないけれど、抑え方はぼくなりに変えていました。

例えば、ダイエット特集ではトンガの事例を現地で取材させたりね。というのも、どこかの新聞に小さく掲載されていたんだけれど、トンガは昔、主食がタロイモだったんだけれど、だんだん経済や流通が発達して、ニュージーランドやオーストラリアからマトンが入るようになったら、おいしいから国民がどんどん太っちゃったらしい。ツポー国王なんて、飛行機に乗るにも2座席を占拠しないと座れないくらい太ってた。

で、トンガが国を挙げたダイエット作戦を敢行したというんです。これは面白い、と「トンガ式ダイエット」の企画を立てて、記者をトンガに取材に行かせました。

――すごい発想ですね。

花田 どうしたら雑誌が面白くなるかということだから。知りたいじゃない、トンガ式ダイエット。

――膨大な人脈や興味関心の中に、右っぽい感性もある。だから雑誌によって、自分の中のマトリックスの位置を調整しているというような感じですかね。『WiLL』の時は、全体の中のジャーナリズム的な朝日新聞批判や、保守っぽい、右っぽいところに焦点を当てていたと。

創刊号の特集が〈厄介な国、中国〉、二号目が〈皇室、戦後最大の危機〉、三号目が〈わが家の〝教育基本法〟〉。この時は写真がメインの表紙。四号目からは表紙もガラッと変わって、〈朝日新聞を裁く!〉が爆発的に売れました。

花田 朝日新聞批判はもともと文春時代からやってた。朝日新聞、中国共産党、そして小沢一郎のカウンターが『W・i・L・L』の「3大テーマ」。今や、中国はますます強大になる一方、朝日新聞は部数減、小沢一郎はもう終わったな(笑)。

――同じ年なんですよね、小沢氏とは。

花田　そう、1942年生まれ。小沢一郎、カダフィ、金正日、小泉純一郎……。

――「独裁者の星」と呼んでました。

花田　『小沢一郎増刊号』まで作って批判したからね。

――朝日、中国、小沢を叩いていたから右寄りに見えただけ。雑誌のコンセプトとして「右に寄せよう」というわけではなかったんですね。

花田　そうですね。もちろん朝日新聞を批判しているし、保守の論客だった渡部昇一さん、最近では櫻井よしこさんをメイン論客に据えているから、右に見られても仕方なかったところはあると思うけれど。でもメイン以外の記事を見てもらえば、右ってだけではなくかなりバラエティに富んだ面白い記事が揃っているとわかるはずですよ。

雑誌についていうなら、特集記事だけでなく、連載や読み物記事も見てほしいよね。ぼくの人脈でいろんな人に登場してもらっているけれど、見てもらえば右も左も全く関係なく、面白いと思う人が並んでいるんだから。

朝日批判にしても、雑誌の役割として、新聞やテレビの報道で世論が一色になりそうなときには、「本当にそうなのか?」と水を差す必要があるでしょう。

例えば、2024年になってようやく再審で無罪判決が出た袴田事件。ぼくが文春に入社した1966年に起きた殺人事件で、袴田巖さんが逮捕されて死刑判決を受けた。ぼくは文藝春秋に入社して3年目に『週刊文春』編集部に異動になり、ルポライターの高杉晋吾さんに「袴田事件は冤罪である」というレポートを5回にわたって連載してもらったんです。

もともと高杉さんが『現代の眼』(経営評論社)という月刊誌に短い記事を書いていたんだけれど、それを分厚く書いてもらった。あの記事はかなり初期の段階で冤罪の可能性をクローズアップするものでした。

——新聞各社は再審で無罪判決が出てようやく「自分たちの報道にも誤りがあった」と書いていますが、当時から冤罪を指摘している人はいたんですね。

花田 それが雑誌ジャーナリズムの役割だから。影響力の大きい朝日新聞なんかは当然、批判することになるよね。

——同じ朝日批判でも、思想的な意味での「右」のイメージとはちょっと違いますよね。今も『Ｈａｎａｄａ』には共同通信出身の粟野仁雄さんによる袴田事件や、やはり冤罪事件である大川原化工機のルポや当事者のインタビューが掲載されています。

花田　基本的には、新聞などの大きなメディアが報じていることに対して、自分の実感として「本当にそうなのか」「違うんじゃないか」と思う感覚を大事にして、雑誌を作ってきたってことです。

右寄りな人間ではない

――しかし花田さんは、一部ではどうも「右翼の親玉」のように思われています。

花田　初めて会った人に「ものすごく怖い人だと思っていましたが、違うんですね。印象が変わりました」と言われることは確かに多い。ぼくがなんでそんな風に思われるのか分かんないんだけど。人当たりだってやわらかいだろ。

――タイトルが尖っているからじゃないですか。花田さんは『文藝春秋』を作るつもりでいたかもしれないけれど、やっぱりタイトルは週刊誌に寄っていると思います。〈ヤクザも呆れる中国の厚顔無恥〉（2005年7月号、渡部昇一）とか〈気色悪い温家宝の笑顔〉（2007年6月号、金美齢）、特集タイトルでも〈朝日を読むとバカになる〉（2014年9月号）、〈哀れな三等国、韓国〉（2012年12月号）といったタイトルは、やっぱり『文藝春秋』には載らな

いのでは？

花田　それはあるかもな。タイトルのことはよく言われるんだけれど、読んでもらうための工夫だから。タイトルが立たない、見出しのつかない企画はいい企画ではないわけで、これは編集の基本だと思っている。

――『諸君！』や『正論』でも朝日批判や中国批判、歴史認識問題は取り上げていましたが、それなのに後発の『WiLL』が部数を抜き去ったのは、何が理由だと思いますか。

花田　読ませる工夫でしょうね。『諸君！』は同じ文藝春秋だから、それなりにノウハウは近いと思うけれど、『正論』は真面目にやっているけど読ませる工夫、読んでもらうための工夫が足りないと思いますよ。

雑誌って必ず読まなければならないものではないし、大メディアとも違う。しかも始めから終わりまでじっくり読むものではなくて、ぱらぱらめくって面白そうなところを読むでしょう。だから「面白そうだな」と思ってもらわなければ始まらない。

そのためには、タイトルはもちろんだけど、中身についても工夫が必要です。何より、編集者が「これは面白い」とか、「これはちょっと違うんじゃないか」とか思うことをとっかかりにしなければ、面白い雑誌は作れませんよ。もちろん、売れなければいけないから利益も考えますが、基本的には自分が「面白い」と思うものを載せる。そうやって雑誌を作って、その雑誌が読まれたってことは、読者が共感してくれているということじゃない。

読者が共感してくれるって、嬉しいことですよ。もし売れなければ「あれ、自分の考え方が間違っていたのかな」と思うしかないわけで。それだけですよ、基準は。

――2014年頃は「ヘイト批判」もありましたが、これはどうですか。

花田　まあそういう人もいるだろう、というくらいかな。一方では「よくぞ載せてくれた」という声もあったし。

――「どうしてそういう記事が掲載され、読まれるのか」というのもありますよね。例えば3大テーマの一つの「中国」も、2000年代に入ってからの中国の経済や軍事力の伸び、国際宣伝戦や情報戦に対する警戒からくる面があるわけで、それを十把一絡げに「ヘイト」というのはどうなのかと。そのあたりは、批判する前に話を聞いてくれと思うんですが。

花田　右寄りだ、ヘイトだと言われたことで、面白いと思った書き手が雑誌に登場しなくなるのはツライよね。ぼくが編集する雑誌にその都度、連載してくれていたみうらじゅんさんの連載が終わったのも、「どうしてあんな右寄り雑誌に書くんだ」という周囲からの批判が強まったことが理由でした。ぼくは続けてほしかったんだけど、今はそういう圧力が強いのかな。

――2018年9月号の『Hanada』にオウム真理教の幹部が死刑執行された件について書いた江川紹子さんも、旧ツイッター（現X）上で「どうして安倍政権擁護の『Hanada』なんかに寄稿するんだ」などと批判されていました。

花田　江川さん自身は長年、オウム事件を追いかけてきたジャーナリストで、記事でも別に右寄りなことを書いているわけではない。『週刊文春』時代からの付き合いで原稿をお願いしただけだからね。そういう圧力が働いて、雑誌の幅や書き手の活躍の場が狭くなるのはもったいないし、つまらないし、残念だよね。

『文藝春秋』は論壇誌ではない？

――2009年に『諸君！』が休刊になる一方、『WiLL』は部数が伸びました。社会に対する一定の影響力を持つことについてはどう思っていましたか。

花田　影響力なんてそんなにないんじゃない？

――保守系の雑誌の中で一番売れていたことで、私の中では「論壇で責任を果たせているのか」と、編集者である立場として結構大きな負荷がかかっていたんですよ。

花田　うーん……。だいたい、論壇誌って何なんだというのもあるよね。うちは論壇誌なの？　新聞各紙の論壇時評では『ＷｉＬＬ』や『Ｈａｎａｄａ』は取り上げられない一方、『文藝春秋』がよく取り上げられる。でも『文藝春秋』は本来、論壇誌ではないんじゃないかと思うんだけど。『世界』や『正論』が論壇誌だっていうのはわかる。『中央公論』もまあ論壇誌かな。

――『文藝春秋』は総合誌ですかね？　私は『ＷｉＬＬ』や『Ｈａｎａｄａ』も論壇誌だと思っていたんですよ。だから「論」を立てないといけない、「論」を世に問い、それを方々から検証してもらわなければならないと思ってました。

花田　「論」なんて、それはぼくが一番苦手なことじゃない、はっきり言って（笑）。

――言われてみれば……。だからもっと「論を立てる」ような企画を出しては玉砕していたんですね、編集部時代後期の私は。

花田　ぼくは雑誌というものを、もっと幅広く考えているからね。要するに面白ければ何でもいいという話なんだけれど。面白くて、読者のためになる、載せる意味があればね。雑多なものが載っていての「雑誌」だし。だから自分の作る雑誌が論壇誌だと思ったことは一度もないし、ぼくには論壇誌は作れませんよ。

――論壇誌じゃないにしても、存在感が出ることで増してくる「責任」みたいなものはありますよね。読んだ人がネットに書き込んで拡散したりだとか、不確かな情報でも「雑誌に載っているから」と信じてしまったりとか。陰謀論だとわかりやすいですが。

花田　ぼくは陰謀論には加担しない。それは「なんとなく、勘で」避けているんだけれど。自分の感覚的なところで言えば、ギリギリ避けている。今の（分裂後の）『Ｗ・ｉＬＬ』はもう陰謀論に行っちゃったでしょう。売れるのかもしれないけれど、あれじゃあねえ。自分がつくった雑誌があんなことになって、とても残念です。

――排外主義的なネトウヨとの相関性もよく指摘されるんですが、少なくとも「在特会」を肯定的に論じたことはほとんどないですよね。ワックが出していた『歴史通』には在特会の桜井誠氏（当時）が登場したことがありますが。

花田　分裂後の『Ｗ・ｉＬＬ』と『Ｈａｎａｄａ』は執筆者が重なっているところもある

けれど、違いは大きい。『Ｈａｎａｄａ』では絶対頼まない執筆者もいる。そこに何らかの基準はあるんだけれど、まあ経験によって培われた「勘」だな。

――花田さんは、「あれっ」と思ったことをよく編集部員や周囲の人に「これ、どう思う？」と聞きますが、ネットは見ないですね。

花田　そう。ほとんど見ない。動画番組に出てはいる（月刊Ｈａｎａｄａチャンネル、言論テレビ、週刊誌欠席裁判と週3回出演）し、「Ｈａｎａｄａプラス」というウェブメディアもやってるけれどね。

まずネットで情報を得るにはすごく時間がかかるでしょう。何かをフォローしようと思っても、有象無象の情報やノイズが入ってくるから。編集部員がネットを見てあれが話題だ、これが騒ぎになってる、こういう記事が面白かった、というのは聞きますけどね。ネットでの発信も雑誌の宣伝になる部分もあるし、若い編集部員が一生懸命やっているから、それは認めますよ。自分では時間がもったいないからやらないだけで。

ネットを見るくらいだったら、本を読んだ方がいいし。映画も見たいし、歌舞伎も見たい。連載原稿も書かなきゃいけないし、時間がないんだよ（笑）。

――雑誌の傾向とは全く関係ない本をたくさん読んでますもんね。しかも国内外の文学

作品。

花田　サマセット・モーム、チャールズ・ディケンズとか、パトリシア・ハイスミス、スティーブン・キング、谷崎潤一郎、永井荷風は大好きだから。「一年一作家」と称して、一年かけて一人の作家の作品を続けて読み通しているんだけれど、今年は芥川龍之介なんだよ。これは8月に終わったんで、今は『大菩薩峠』を読んでる。

睡眠時間こそ、最近は6時間に増やしたけれど（以前は4時間）。やりたいことは多いし、7匹いる猫の世話はしなきゃいけないし、新聞は5紙取ってるし、ぼーっとしている時間、ネットサーフィンをしている時間なんてないんだよ。

朝日新聞批判の耐用年数

――話を戻すと、朝日新聞批判は雑誌の3大テーマの一つという話でしたが、最近、朝日新聞批判の特集を組んでないですよね。

花田　確かにそうだな。

――朝日もだんだん部数が減って来たし、安全保障関係では変質しつつあるように思います。2000年代の朝日新聞は、領海に侵入した船について「中国船」と書きながら級数を下げた一回り小さな「?」をつけたりしていました。最近はさすがに、中国を安全保障上の脅威ととらえてはいるようです。

花田　でも減ったとは言ってもまだまだ部数は多いからね。影響力だってやっぱりあって、例えば自民党と旧統一教会の関係に対する批判とか、政治資金の不記載を「裏金」とする自民党批判とか、まだまだ影響力は大きい。

――朝日をはじめ、新聞の関係者と話す機会があるんですが、自分たちの影響力をものすごく小さく見積もっている感じがします。一方で、ネットを含む保守勢力を非常に大きなものと見ていて、お互いの認識がずれている。どちらも「自分たちなんて、影響力ないですから」と言い合っているような。

花田　朝日新聞の人にはいろいろ聞いてみたいことがあるんだけれど、雑誌の取材はなかなか受けてくれないからね。

――むしろ取材を断られたことを記事にしました（〈朝日社長インタビュー、断られるの記〉、『ＷｉＬＬ』2014年5月号）。

花田　ぼくは自分が人の話を聞いて雑誌を作っている以上、人からの取材依頼もなるべく断らないようにしているつもりです。この間も、毎日新聞の吉井理記記者の取材を受けましたよ。

――〈保守層もソッポ？　岸田政権、不人気の正体　「リベラルと戦わない」「足りぬ伝える力」〉（毎日新聞デジタル版、2024年7月25日付）**ですね。安倍元総理に比べて、岸田前総理の話が「面白くない」という花田さんのコメントが載っています。**

花田　実際、面白くないでしょう。見出しにならない。『Hanada』では岸田さんへの編集長インタビューを2回掲載しているけど、どうも面白くなかった。特に2回目は、1回目が面白くなかったからこちらもいろいろ工夫して、メガネをどこで作っているのかとか、理髪店のこととか聞いたりしたんだけど。

――ヘアモードキクチですよね、岸田さんの行ってる理髪店。

花田　いくら揺さぶっても、面白い話が出てこないんだよね。原稿も見せるし、まずいところはカットしてくれればいいわけだから、と言うんだけれど。

――話がつまらないと、雑誌に登場してもらおうという気はなくなってしまう、と。

花田　それはそうでしょう。つまらないものを読者に読ませたくないもの。

――総理在任時も、その後も多数登場している安倍元総理は話が面白かったってことで

すね。

花田　話は抜群に面白いね。『安倍晋三回顧録』（中央公論新社）にも書けなかったような話が、まだまだたくさんあったはずだから、年をとって、政界を引退した後にいろんな話が聞けるだろうと思っていたんだけれど。

例えば、各国首脳の中で誰と一番、ウマが合うかと言ったら、イギリスのボリス・ジョンソンだと言っていた。

ジョンソンが、安倍さんに「月に何回くらい、天皇陛下に会いに行くんだ？」と聞いてくるから「いや、年に数回ですよ」というと、「シンゾーはいいな、俺は毎週、エリザベス女王に報告に行かなきゃいけないんだ」と言ってたとか。

あるいはフィリピンのドゥテルテ大統領の自宅に呼ばれた時に、自宅の警備があまりに緩いのに驚いた安倍さんが「大丈夫なのか」と聞いたら、ドゥテルテが寝室に来いという。ついていくと、ベッドカバーをばっと外した。機関銃がずらっと並んでいて、「一丁、プレゼントするから持っていけ」と押し付けられたとかね。とんでもない話なんだけど、安倍さんはオフレコも含めてそういうエピソードをたくさん話してくれるから、面白い。

――安倍さんは「映画監督になりたかった」というだけあって、場面再現力が高いから、映像的に思い浮かぶように話してくれますね。岸田さんにもエピソードはあるはずなのに、なかなか出てきません。ゼレンスキーに必勝しゃもじを持ってった時の裏話とか……。

花田　安倍政権は周囲の人たちも発信が多いし、話がうまくて文章も達者。例えばNSS（国家安全保障局）次長を務めた元外交官の兼原信克さんや、警察庁出身でNSS局長を務めた北村滋さん、経済担当の内閣参与だった本田悦朗さんらが、それぞれ安倍さんが外交の場面や政治的決断の際に立ち会ったエピソードを書いていますよ。どれも面白いでしょう。

――花田さんは安倍さんを応援していたと思いますが、その動機は「権力とお近づきになりたい」というような欲からではない。

花田　ないねぇ。そんなことを思ったことは一度もない。

――西村康稔・萩生田光一・世耕弘成と安倍派3人衆がずらっと登場したこともありました（2023年7月号、2024年2月号）。これも、「この3人の中の誰かに安倍派のトップになってほしい」とかそういうことではないんですか。

花田　3人を並べた雑誌の特集は見たことがないから、並んだら面白いと思って。もちろん、話を聞けばそれぞれいいところがあるから、読者に知ってもらいたいというのもあるし、本人たちにもプラスがあるかもしれないとは思うけど。持ち上げるとかそういう意識はない。その時タイムリーな人に、タイムリーな話を聞きたいというだけ。もちろん、編集者として聞きたいときにインタビューを申し込んで受けてもらえるような人間関係は、日ごろから作っておく必要があるけれどね。

――2024年9月の総裁選直前には、高市早苗議員の増刊号を出しています。

花田　一週間で作ったんだけど、結構面白かったでしょ。増刊号に再録した、彼女が松下幸之助さんについて書いた文章はとてもいいものでした。高市さんを応援してはいるけれど、まだまだ不満なところもあるよね。

――ただ、岸田政権を評価しなかったことで、結果として石破政権が誕生してしまいました。

花田　それは本当に困るけどな(笑)。小川栄太郎さんにもそう言われてたんだけど。総裁選のときに石破氏が「男はつらいよ」の寅さんの格好をしていたじゃない。面白くないし、似てもいないし、なんなんだろうね、あれは。

――花田さんは石破総理が以前からあまり好きではないですが、雑誌には一度、登場し

てるんですよ。

花田　え、そうだっけ？

――２０１４年２月号に〈「特定秘密保護法」で情報公開は進む〉（聞き手・田村重信）です。

花田　そうか……。まあでも自分の感覚で言うと、言っていることもやっていることも、顔も好きじゃないから。話は面白くないし。

――石破政権を批判するにしても、反権力とか、権力の監視などというのとは違いますよね。

花田　違う違う。ぼくが好きじゃないというだけ（笑）。

――花田さんの場合はそういう好き嫌いの感覚が、読者と合っているから雑誌が売れるんでしょうね。対象が政治家にせよ、芸能人にせよ、作家にせよ。

花田　昔、『週刊文春』の合併号の時に「こいつだけは許せない」という特集をよく組んでたんだけれど、読者の反応は良かったよ。もちろん、誰を取り上げるかは編集部のみんなといろいろ相談したりはするんだけどね。他の雑誌も真似して、似たような企画をやっていたけれど、つまんないんだよ（笑）。

作家の大石静さんから、「花田さんは人気絶頂期から少し落ちてきたころの、叩きがいがある人やタイミングを見極めるのが絶妙」と言われたことがあるけれど、そういうことなのかもしれない。

――「なんか最近、鼻につくよな」というのがわかる嗅覚がある、と。2010年代に『週刊文春』が部数を伸ばしたときに編集長だった新谷学さんは「文春砲」と呼ばれていましたが、花田さんはその元祖ですか。

花田　ぼくは「文春砲」って好きじゃないんですよ。もちろん、政財界の大きな事件なんかは張り込んででも取材すべきだと思うけれど、若い芸能人が恋愛した、不倫したって話を、何人も、何日もかけて追いかけてどうするの、と。しかも、一週、二週ならまだしも、何週にもわたってやるでしょう。そんなに何週もやるような話かねぇ、と。

――花田編集長時代の『週刊文春』は、婚約を発表していた貴乃花と宮沢りえが破談するというスクープを報じていましたが、あれは何週でしたっけ。

花田　5週……。ただあの時は、2人を祝福する報道ばかりだった中で、「実は破談になりそうだ」とのスクープ情報が持ち込まれて、実際に破談が発表されるまでの間報じていたということだから。

――話が表に出たことが、破談の最後の一押しになったかもしれない。雑誌の影響力というのはそういうことで、例えば雑誌が安倍政権を推したことで政策や日本の行く末に影響が出るのではないかと。あえて聞きますが、雑誌を通じて影響力を及ぼそうとか、世の中を動かそうという意図はないですか。

花田　全くない。もちろん結果的にたまたま影響が及ぶということはあるでしょうけれど、あくまでも雑誌を多くの人に読んでもらいたい、ぼくが面白いと思ったことに共感してほしいという、それだけですよね。だから「俺たちの追及で政権が倒れた!」と誇るようなこともないし、実際に雑誌に記事が出たことで政権が倒れたこともないしなぁ(笑)。田中健五さんがやった田中金脈は例外で。

基本的には、読者が読んでくれる、雑誌を買ってくれるっていうのが、編集者や雑誌に対する評価だから。

――「売らんかな」だ、という人もいますが、それは「儲けたい」のとは違いますよね。

花田　違うなあ。もちろん続けるためには利益も大事だけれど、今だって売れてもぼくの報酬が上るわけじゃないしね。「多くの読者が読んで共感してくれる」ことに喜びがあるんだよ。

何十年やっても飽きない編集者という仕事

――雑誌編集者として60年、編集長というポジションについてからも実に40年以上経っていることになりますが、「もう飽きたなあ」とか「他のことをやりたい」とか思うことはないですか。

花田　ない（即答）。自分でもよく分からないけれど、雑誌の仕事は飽きない。やっぱり、編集者として人に会って自分の知らないことを教えてもらえるんだから面白いよ。それを読者にも伝えて、「面白い」と共感してくれれば、それは楽しいし、飽きないよね。

――原動力はやっぱり好奇心ですかね。

花田　好奇心は大事。長く仕事をする秘訣は、一に体力、二に好奇心。そもそも体力がないと何もできない。

――元気があれば何でもできる。アントニオ猪木と一緒ですね。好奇心の強さは子供のころからですか。

花田　ずっとそうです。いろんなものに興味があるだけだけど、やっぱり本を読んだり、人の話を聞いたりと自分から動かないと興味の幅は広がらないよね。今の読書は文芸に偏っているけれど。

――花田さんの歳になったら、普通はもう目もしょぼくれて疲れちゃうし、集中力も続かない。テレビをつけっぱなしにしてぼーっとしているのがやっとじゃないですか。

花田　82歳になったからな、嫌になっちゃうけど。昔から「目指せ、山本夏彦」と言っていたんだ。夏彦さんは84歳まで『室内』というインテリア専門誌の編集長を務めていたんです。時々、編集部に行ったけれど、憧れていたから嬉しかったな。いつも、机に座ってゲラを読んで、原稿に朱を入れていて。憧れましたね。

――山本夏彦に、あと2年ですね。もし仮に、すべての条件をフリーにして「どんなものでも、好きな雑誌を作っていい」と言われたらどういうものを出しますか。

花田　そうだなあ。昔は「老人ホームに入ったら『ハナダ』という小雑誌を出して配る」なんて半分冗談で言っていたんだけれど、もう『Ｈａｎａｄａ』を出しちゃったからな（笑）。今だったら、面白いコラムだけを集めて一冊を作りたいかな。面白いものだけを集めて、一つずつは数分で読めるような。売り上げがどうなるかは分からないけど。

コラムで言えば、２０２０年4月に休刊になったけど『TV Bros.』（東京ニュース通信社）に載っていたコラムは全部面白かった。松尾スズキ、きゃりーぱみゅぱみゅ、光浦靖子の人生相談もよかったし、漫画の「まめおやじ」も面白かった。

——やっぱり花田さんの原動力は好奇心であり、「面白がり精神」ですよね。あと、「あきらめない」。原稿やタイトルに最後の最後まで手を入れて、「もうこの辺でいいんじゃないですか、校了時間を過ぎてます」となっても、最後まで「何かいい案はないか」と考えている。

花田　それはカミさんにもよく言われます。「あきらめないし、しつこい」と（笑）。

——雑誌界としては部数が減って休刊も相次いでいます。夕刊フジも休刊が決まりました。『TV Bros.』も雑誌の休刊後はウェブ更新のみの体制に移行しています。これからの雑誌はどうなりますか。

花田　ネットの方が雑誌よりも手軽だからね。たくさんの情報がある中で自分が読みたいものを読むということでは、雑誌もネットも似ているところはあると思うけれど、紙の雑誌だったらぱらぱら見ているうちに、「中国特集目当てで買ったけど、ちょっと面白そうだから、爆笑問題の連載も読んでみるか」となるわけじゃない。だからぼくは読者には紙の雑誌を読んでほしいと思う。まあ時代を巻き戻すのは無理なんだろうな。

ぼくとしては面白いと思うことを集めて雑誌を作っているけれど、もし売れなくなれば、「ぼくが面白いと思ったことを、みんなあんまり面白いと思わなくなったんだな」ということだから、そうなったらやめるしかないわけだよ。

最初の話に戻るけれど、誰だって自分に共感してくれたら嬉しいわけで、雑誌作りも同じです。別に特別なことを考えているわけではないんですよね。

やめてみて思うこと、今やっていること

雑誌の編集部に入って早速「こんなに面白い仕事があるのか」と思ったことを今でも鮮明に覚えているが、編集者として働き始めて20年近くになろうという現在も、この思いは全く変わっていない。

編集部に入る前だったか直後だったかに、花田編集長から「編集者はいいぞ、名刺一枚で誰にでも会える」と言われたのを昨日のことのように思い出す。実際には「誰にでも」会えるわけではないが、思った以上には多くの人に会うことができた。既に鬼籍に入られた方々も多い。台湾の李登輝《りとうき》元総統、すぎやまこういち氏、渡部昇一氏、安倍晋三元総理、石原慎太郎氏など、今となっては話を聞くことのできない人々の謦咳《けいがい》に触れることができたのは、人生の大きな財産になっている。

雑誌編集部をやめてフリーのライター・編集者になってからも、名刺一枚でかなり幅広

い層の方々にお会いでき、取材できているのはありがたい。

むしろ、お会いする相手の幅は広がっている。というか、広げている。保守派の、安倍政権に批判的でない人の、雑誌に載せられそうな意見、などの条件がなくなりこれまでで考えればちょっと専門的すぎるかもしれないお話を学者の方にうかがうだけでなく、「むしろリベラルな人の中で、保守派をきちんと批判している論者」や「リベラルながらリベラルを批判している有識者」の方々にお話を聞いて、リベラルから見える保守派の問題、リベラル側にあるものと共通する保守派の課題などを洗い出していきたいと考えている。

フリーになってまず定期的に寄稿させてもらえたのがSAKISIRUというサイトだ。編集長は元読売新聞で、ウェブサイト「アゴラ」の編集長をつとめていた新田哲史《にったてつじ》氏。筆者が独立して間もなくサイトが立ち上がったこともあり、また「右でも左でもなく前へ」というコンセプトは願ってもないものだったので、寄稿させていただきたいと申し出た。

インタビューでは、経済安全保障に関する連続シリーズのほか、「思想の違いを超えて、話を聞く越境シリーズ」と勝手に銘打って、リベラルな政治学者である岡田憲治《おかだけんじ》さんや、元日本共産党職員の松竹伸幸《まつたけのぶゆき》さん、ゴリゴリの保守ながら、性的少数者の問題に関心を持ったことで保守派から袋叩きに遭うようになった稲田朋美《いなだともみ》元防衛大臣など、雑誌編集部時代には手を伸ばせなかった（稲田氏は創刊間もない頃からの常連執筆者だったが、そういった事情で手を伸ばせなくなった）方々との語らいを掲載することができた。この経験が、今に生きている。

「やっぱり、同じ側の、同じものを同じように見ている人とだけ話してもつまらない！　話した後で自分の認識が変化するからこそ面白い！」

結局、安倍推し云々以前に、結論の決まった話を繰り返していく、一定方向に論調を尖らせていくという作業が、筆者にはもう面白いものではなくなってしまったことに気付いたのであった。これは雑誌に対する不満・批判ではなく、これが編集部員としての筆者の限界だったということだろう。

今後は自分なりに模索しながら、右と左の対話を重ね、これまで得られなかった視点、時に踏みにじってきたかもしれない相手の思いを知ることで、議論の前進に役立てたい。

残念ながらSAKISIRUは「先を行き過ぎて（!）」、サイトが閉鎖されてしまったが、記事はnoteで順次、再公開されることになっている。筆者の記事も公開された際にはSNSで告知するので、ぜひXのアカウントをフォローして、その時をお待ちいただきたい（自分で言うのもなんだが、どのインタビューも、すごく面白い）。

編集者っていい仕事

さて、雑誌編集部所属時代の特に最終盤には編集方針と自分のやりたいこと（というより「やるべきだと思っていること」）とのずれに折り合いをつけられずに大変苦しい思いも経験したし、面白いだけでは済まないことも十分承知しているが、編集業に加えてライター業も手掛けるようになった今も、「編集者（やライター）という仕事はこんなに面白いのか」という思いに変わりはない。

今は自ら企画を立てるだけでなく、各出版社やオンラインメディアの編集者にお声がけいただき、記事や書籍の構成担当として現場に立ち会うことも少なくない。これがまた新しい発見の連続で、自分では思いつかない切り口や発想、対談の組み合わせに立ち会うことができ、目を洗われている。2023年夏には、週刊『SPA!』の編集者が企画した、石破茂議員・野田佳彦議員の対談に立ち会うことができた。企画を聞いたときは「この組み合わせがあったか！」と感じたが、一年後、石破氏は総理、野田氏も党代表に就任するというミラクルも起きた。

取材の後や書籍の編集の際に、出版社やウェブメディアの担当編集者と一緒に「いやあ、編集者って本当にいい仕事ですよね」と某映画評論家のような言葉を口にしてしまうこともある。

「（その後に原稿を書かねばならないという話はとりあえず置いて）こんなに面白い話を、一線級の専門家から直に聞いて教えてもらう機会を得られて、それでお金をもらっていいんですかね？　普通ならお金払っても聞けない話ですよ⁇」

そんなことを口走ることもしばしばである。

言うまでもなく読者の方に読んでいただいて初めて仕事として成立するわけだが、どんな雑誌の記事や書籍の企画も、つまるところ「こんなに面白い話、わかりやすい話、『あーそういうことだったのか』と腹落ちする話を読者と共有したい」という動機からすべては始まっているのである。その点では、最終章でインタビューした花田編集長と、動機自体は変わらない。

先日も、保守派の読者にこそ共有したい話を取材中に耳にした。ロシアのプーチン大統領に逮捕状を出している国際刑事裁判所（ＩＣＣ）は２００２年に設立されたが、これは東京裁判に対する反省のもとになされたものだという。

「国際刑事法の世界では常識ですよ」と言われて慌てて関連書を読んでみると、確かに「戦後に行われた、敗戦国に対する勝者による裁き」に対する疑義が呈され、より公正な裁判を行うことを目的として国際刑事裁判所は設立されたとあった。もちろん、これによって日本の戦前の行い全てが正しかった、問題はなかったとするものでは全くない（し、そうすべきでもない）が、保守派が無念に思い払拭を訴えてきた「東京裁判史観」を構成する裁判への疑義が、現在の国際秩序の一端を支えているのだ。となれば、少なくとも無念の一端は晴れるのではないか。

　これもやはり左右の情報交換や、思想の壁を作らない目配りなくして知りえないことであり、知ったうえであれば現在の「戦後秩序」に対する信頼、公正な形での自分たちの歴史の影の部分への言及もしやすくなるのではないかと思う。

　実現できているかは定かではないが、「とにかく読みやすく話を整理する。難しい話を難しいまま、ライターであり編集者である自分が理解できないまま世に出さない」という編集サイドの鉄則を、いろいろなテーマで実施していくのがライター・編集者としての目下の目標である。

　一方、本書について言えば、話は少し違った。自分の話を書くとなると何をどこから書くべきかと考えあぐね、ついつい目の前の仕事や作業に飛びついているうちに時間が過ぎ、背伸びして立派なものを目指しすぎて筆が進まなくなったりして、本書の企画でお声がけいただいた星海社新書編集部の片倉直弥さんには大変なご迷惑をおかけした。

「面白いものになるはずです、頑張りましょう！」と励まされ、自分も編集者としては執筆者にあの手この手で原稿を催促していたことを思い出し、非常に申し訳ない思いに駆られつつ、なんとか（ギリギリ締め切り通り？）たどり着いた次第である。

人の話をまとめる編集やライターと、自分のことを書く執筆作業はまるで性質の異なるものであることを実感しつつ、編集者として「さらさらっと書いちゃってくださいよ、先生ならすぐ書けますよ、なんなら聞き書きにして6時間もいただければこちらでささっとまとめますよ」などと軽々しく執筆者を口説いていたことを猛省している。そんなに簡単にいくものではないことを思い知ったためだ。

編集部在籍中の13年余りスパルタで鍛えてもらい、今回インタビューに応じてくださった花田編集長には深く御礼申し上げたい。編集部に入った当時、花田編集長から「右翼少女」と呼ばれていた筆者も、すっかり「右翼中年」になった。

かつては「自分は経験を重ねるごとに仕事を難なくこなせるようになり、花田さんは年齢を重ねて衰えてくる。どこかで仕事量が逆転するはずだ」と思っていたが、全くの見込み違いだった。

ゲラチェックを手伝い的確な指摘・助言をくれた夫、ゲラの上に居座り邪魔してきた2匹の猫にも感謝の意をささげたい。

梶原麻衣子

星海社新書
320

「"右翼《うよく》"雑誌《ざっし》」の舞台裏《ぶたいうら》

二〇二四年一一月二五日 第一刷発行
二〇二五年 三 月二一日 第四刷発行

著者 梶原麻衣子《かじわらまいこ》

発行者 太田克史《おおたかつし》
編集担当 片倉直弥《かたくらなおや》

発行所 株式会社星海社
〒一一二-〇〇一三
東京都文京区音羽一-一七-一四 音羽YKビル四階
電話 〇三-六九〇二-一七三〇
FAX 〇三-六九〇二-一七三一
https://www.seikaisha.co.jp

発売元 株式会社講談社
〒一一二-八〇〇一
東京都文京区音羽二-一二-二一
(販売)〇三-五三九五-五八一七
(業務)〇三-五三九五-三六一五

印刷所 TOPPAN株式会社
製本所 株式会社国宝社

アートディレクター 吉岡秀典《よしおかひでのり》(セプテンバーカウボーイ)
デザイナー 榎本美香《えのもとみか》
フォントディレクター 紺野慎一《こんのしんいち》
校閲 鷗来堂《おうらいどう》

ISBN978-4-06-537991-2
Printed in Japan

320
SEIKAISHA SHINSHO

302

外国人しか知らない日本の観光名所

東大カルペ・ディエム

外国人が愛する「もう一つの日本」が示す日本の魅力と可能性

今や年間2500万人を超える訪日外国人――彼らが日本を訪れる目的は、日本人がイメージする典型的な観光名所ばかりではありません。むしろ日本人にとっては「なぜこんな場所に行くんだろう」というありふれた場所やマイナーな場所こそ、外国人にとって非常に興味深い場合も多いのです。本書ではそんな「外国人しか知らない日本の観光名所」を全国47都道府県、56ヶ所にわたって取り上げて外国人に人気の理由とともに解説した、インバウンドビジネスの要点をつかむための観光論にして、あなたの知らないもう一つの日本像を知るための文化論です。

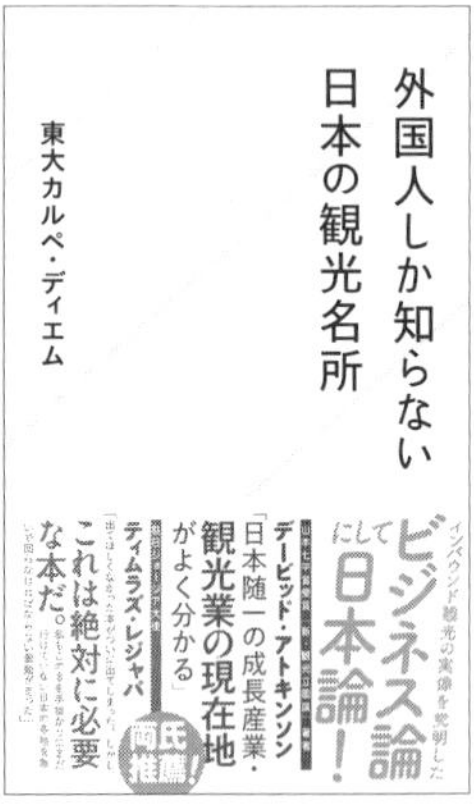

312

最近のウェブ、広告で読みにくくないですか?

鈴木聖也

新進気鋭のウェブメディア編集長が語る、ウェブの現在地と未来予測

一見華やかで先進的なウェブメディアの世界だが、その実態は広告費や閲覧数を稼ぐための泥臭い努力にあふれている。読者のみなさんも、記事本体を埋め尽くす勢いの過剰広告や閲覧数稼ぎのページ分けを見たことがあるはずだ。しかし、こういったメディアの細工は読者にストレスを与え、読みにくくするばかりである。本書では、広告費と閲覧数に頼らないメディアを目指し、2年で異例の黒字化を遂げた『みんかぶマガジン』編集長が、現在のウェブメディアが抱える問題点とその打開策、さらには経済的独立とジャーナリズムを両立させるためのウェブメディアの未来戦略を現場の視点から分析していく。

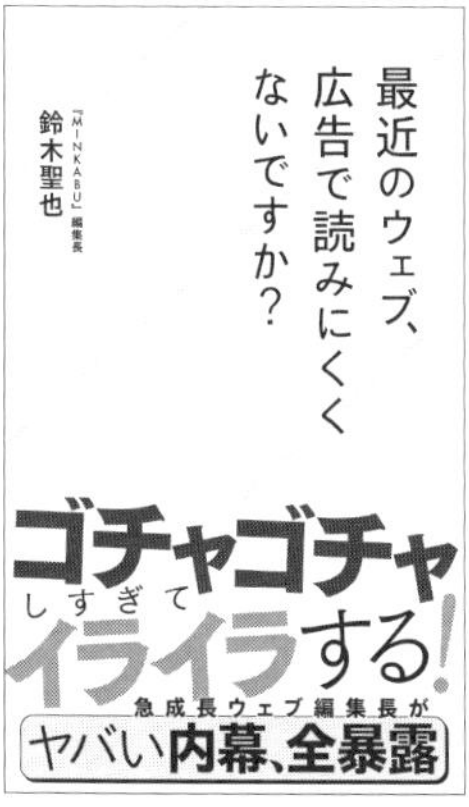

次世代による次世代のための

武器としての教養
星海社新書

星海社新書は、困難な時代にあっても前向きに自分の人生を切り開いていこうとする次世代の人間に向けて、ここに創刊いたします。本の力を思いきり信じて、みなさんと一緒に新しい時代の新しい価値観を創っていきたい。若い力で、世界を変えていきたいのです。

本には、その力があります。読者であるあなたが、そこから何かを読み取り、それを自らの血肉にすることができれば、一冊の本の存在によって、あなたの人生は一瞬にして変わってしまうでしょう。思考が変われば行動が変わり、行動が変われば生き方が変わります。著者をはじめ、本作りに関わる多くの人の想いがそのまま形となった、文化的遺伝子としての本には、大げさではなく、それだけの力が宿っていると思うのです。

沈下していく地盤の上で、他のみんなと一緒に身動きが取れないまま、大きな穴へと落ちていくのか？　それとも、重力に逆らって立ち上がり、前を向いて最前線で戦っていくことを選ぶのか？

星海社新書の目的は、戦うことを選んだ次世代の仲間たちに「武器としての教養」をくばることです。知的好奇心を満たすだけでなく、自らの力で未来を切り開いていくための〝武器〟としても使える知のかたちを、シリーズとしてまとめていきたいと思います。

2011年9月

星海社新書初代編集長　柿内芳文

SEIKAISHA SHINSHO